指導者と選手が一緒に学べる！

バレーボール
練習メニュー
200

プロバレーボールコーチ **三枝大地** 監修

ⓘ 池田書店

はじめに

　バレーボールはとてもおもしろいスポーツです。なぜなら、競技としての魅力だけではなく、「ボールをつなぐ前に人をつながないとボールはつながらない」「自分が活躍する前に周囲を生かさないと自分が活躍することは難しい」という、社会性のある競技特性を備えているからです。

　まずは、できるだけよいパスを仲間に届け、その次によいトスを上げてもらい、よい状態で攻撃する。社会でも大切な要素を中心にバレーボールはできているからこそ、バレーボールを追求すればするほど、同時に社会性が身につくというスポーツなのです。

　さて、本書についてですが、バレーボールの練習メニュー本であるにもかかわらず、コーディネーションやボディ

コントロールについてのメニューを数多く入れました。これは、ボールを扱う前に自分の体を自由に動かせるようにした上で、ボールを自由に扱えるようにしてほしいという想いがあるからです。実際にそのように取り組んだほうが成長スピードは早くなることも、多くの実践経験を通して実感しています。

　すべて合わせると 200 個以上の練習メニューを紹介していますが、大切なのは練習メニューそのものではなく、自分やチームの今の課題が何で、どういった意図のもと、なんのためにこの練習をするのかを明確にして取り組むことです。それだけで練習の成果は大きく変わります。ぜひ、1つひとつのメニューに対し、意図を持って練習に取り組んでみてください。成長スピード、技術向上スピード

は人それぞれです。誰かと比べず、今までの自分と比べてみてください。現状背が高い、低い、身体能力があるから、などで練習を限定するのではなく、将来的にできる限りさまざまなプレーができるように、環境を変えてみんなが実践できるように工夫しながら、本書の練習メニューを活用いただけますと幸いです。

　ありがたいことに、バレーボールはスポーツの楽しさ、日本代表チームの強さだけではなく、漫画やアニメのおかげもあり、大変人気があるスポーツになっています。ぜひ、漫画やアニメを通して、バレーボールを深く知り、学んだイメージを持ってコート内で取り組んでみてください。

　私自身はもともと体育が得意ではなく、足も速くはありませんでしたが、バレーボールが好きという気持ちは誰よりも強く、上手になりたいと思い取り組んできました。だからこそ、うまくできないという気持ちがよくわかるのが、指導者としての大きな強みではないかと感じています。そんな気持ちが、少しでもできる喜びに変化していく一助になることを願っております。

　最後に、赤山トレーナーをはじめ、本書の制作に携わっていただいたすべての皆さまに感謝申し上げます。

2024年5月

プロバレーボールコーチ
三枝大地

本書の使い方

　このページでは、本書の見方を紹介します。本書をご覧いただく前にお読みください。

1〜7章 & 9章

写真や図を用いて、練習の仕方をわかりやすく解説しています。

練習メニュー名
練習番号と練習メニュー名を記載しています。

練習データ
メニューに必要な人数、場所、道具、回数、レベルをまとめています。レベルは初級、中級、上級の3段階です。練習をするときの目安にしてください。

ねらい
練習の目的や技術習得の目的を解説しています。

手順・写真・コート図
写真やコート図を用いて、メニューのやり方を解説しています。CHECK！では、練習に取り組む際の注意点や補足事項について解説しています。

アドバイス！・指導者メモ
選手へ向けた練習のコツ、＋αとなる情報はアドバイスで、指導者メモは、指導者に向けた指導のポイントなどを解説しています。

✕これはNG
やってはいけないことや、間違った状態を指摘しています。

〈本書の構成〉

　本書は、ボールを使った練習メニュー（2〜7章）だけではなく、バレーボールがうまくなる体の使い方を身につけられる練習メニュー（1章&8章）、練習後のセルフケア（9章）まで、幅広い練習方法を9章にわけて紹介しています。

8章

さまざまなバレーボールの動きに効果的な、体の作り方を解説しています。

アイコン

正しい体の動かし方がわかると、さまざまなバレーボールの動きをより速く、より強くすることができます。どういったバレーボールの動きと関連していて、効果があるのかをアイコンで示しています。複数の動きに効果的な練習メニューもあります。

パ	パス
サ	サーブ
レ	レシーブ
ア	アタック
ブ	ブロック
実	実戦練習

CONTENTS

第 1 章
コーディネーション
トレーニング

第 2 章
オーバーハンドパス&
アンダーハンドパス

第 3 章
サーブ

第 4 章
レシーブ

CONTENTS

第 **5** 章
アタック

第 **6** 章

ブロック

CONTENTS

第 **7** 章

実戦練習

第 **8** 章

ボディコントロール

第 **9** 章
セルフケア

選手の皆さまへ

自分の成長を自分が理解しよう

うまくできなかったことが少しでもできるようになる。その喜びに気づくことが、スポーツを続けていく上でとても大切だと思います。それも、指導者などほかの人からの「今のいいね」といった言葉だけではなく、最終的には自分で「うまくいった」と気づけることが重要です。

たとえば、憧れの選手がいるなら、その選手と自分の違いはなんだろうと考えてみる。その考えが気づくきっかけを作りますし、結果的に成長への近道になります。ただ、がむしゃらに練習をするのではなく、この練習はどういう意図で取り組むのか。もっといえば、どんな気持ちや表情で取り組むのがよいか。そこにこだわる練習は、変化や成長につながりやすくなります。

練習の意図を考える際は、その前に自分自身がどういう選手になりたいかを明確にしておく必要があります。それを目的地とするなら、現在地、目的地、その距離を埋めるためにすべきことの3つを常に自分に問いかけましょう。

今日はパスの練習メニューをやりますという場合、うまくできたとか、できなかったというだけの意識では「ただの運動」で終わってしまう可能性があります。でも、「ボールが落ちてくる所までできるだけ速くいくようにしよう」とか、「しっかり止まってからパスをする」などと意識すると、ボールの落下点を予測して早く動こうとします。そのように少しこだわるだけでも、成長の度合いは大きく変わってきます。

同じ練習でも、「私はこうなりたいから、このポイントとこのポイントを重点的に取り組む」というようにやっていくと、「できた」「これは課題だな」というのがどんどん明確になります。課題を達成したときは、チームメイト同士で、下の写真のように喜び合いましょう。理想は、チーム全員が互いにとってのコーチになること。そうすることで、共通の意識を持ったチームになりますし、チーム全員の技術向上につながります。

コントロールできることに注力する

　バレーボールを続けていけば、練習でうまくいかないことや試合で勝てないこともももちろんあります。そういうときに重要なのは、まず結果よりも成果を求めることです。成果とは、ジャンプサーブが打てるようになったなど、自分次第でどうにでもコントロールできることです。

　バレーボールは相手ありきの競技ですから、いくら自分自身やチームがレベルアップできても、結果はコントロールできません。どれだけ頑張っても相手の力量が上ならば、試合では負けてしまいます。

　試合で負けたらダメということはまったくありません。勝ち負けと自分の成長は別物です。そのことを理解した上で、どんな結果であろうと、何ができて、何ができなかったかという成果に目を向けられるとよいですね。

　そして、もう1つ重要なのは、「できる」という思考です。何かができなかったとき、「なんでできないんだろう」という問いを立てると、できない理由を探そうとし、どんどんネガティブになっていきます。うまくなりたいなら、「どうやったらできるだろう」という問いを立てるようにします。それによって、できる理由を探し、ポジティブな気持ちで、楽しく練習に取り組んでみましょう。

保護者の皆さまへ

子どもが何を目指しているかを聞いてあげよう

子どもは、口に出さなくても、基本的に親の期待に応えたいという思いを無意識に抱えています。ですから、親が練習や試合を見に来れば、よい所を見せたいと頑張ると同時に、実はプレッシャーにもなっている可能性があります。

ときには、保護者として、子どものバレーボールへの取り組みや技術等について、意見をしたくなることがあるかもしれません。とくにバレーボール経験者だと、なおさらそうなってしまうこともあり得ます。

しかしながら、人は経験があるからこそ見える世界があり、見えている、感じている世界は誰1人同じではありません。否定するのではなく、どういう感情で、どういう考えで、どういうものを目指して取り組んでいるのか、興味を持って対話をしながら子どもの気持ちを引き出してあげてみてください。

そうすると、子ども自身が今、どのような段階にいて、どのような課題があり、どうしていけばよいのかなど、さまざまなことに気づき、取り組みが変わるきっかけになっていく可能性もあります。

忙しい日々ですと、なかなか子どものバレーボールの成長を見ることができるタイミングは少ないかもしれません。ですが、日々の人間的な成長については、親子で一緒に取り組んでいけます。ぜひ、コミュニケーションを通じて、お互いを引き出し合いながら、コーチングし合ってみてください。

保護者の純粋な気持ちを伝える

とはいえ、思春期を迎えた中学生ぐらいの年代では、親との関係が微妙になる時期もあります。本人の性格や時期によって、放っておいてほしい子もいれば、たまには気にかけてほしいという子もいます。親にとっては、子どもとの距離感がより難しいと感じる時期かもしれません。

そういう時期は、自宅での何気ない会話の中で、「今日はどうだった？」などと、本人の思いを引き出すような聞き方をしてあげるのはどうでしょうか。決して問い詰めるのではなく、子どもから

どんどん話したくなるような声かけをしつつ、私はあなたの1ファンですという感じで、興味を持ってあげることが大切です。自然と会話も増え、より家族の絆を深められるはずです。

そして、「あなたがバレーボールを頑張ることで、私（たち）もエネルギーをもらっているよ。ありがとう」と伝えてあげてください。それは押しつけでもなく、親の純粋な気持ちです。1歩引いているけれど、いつだって応援しているというメッセージは、きっと子どもに届きます。

指導者の皆さまへ

バレーボールの魅力を知ってもらおう

年齢や競技歴、選手やチームのレベルなどによって、求められる指導の内容は異なります。ただ、どのカテゴリーでも、指導者の皆さまには、選手にバレーボールとはどういう競技で、何が大切なのかを知ってもらうことと同時に、バレーボールの楽しさを共有するという意識を常に持っていただけると嬉しいです。

バレーボールは競技の特性上、ボールを持ったり止めたりできません。ダイレクトにボールをコントロールしなければいけない、難易度の高いスポーツです。そのため、初心者や初級レベルの選手は、通常ルールのままでは、バレーボールのゲームが成立しませんし、なかなか楽しめないものです。でも、その段階を超えると、さまざまな楽しみ方ができる魅力的な競技でもあります。

選手に具体的に楽しさを感じてもらうには、「できないをできる」、「わからないをわかる」ようにすることです。これを繰り返していくことで、選手は楽しみを見出し、目指す目的地へ到達できるようになります。

言葉の選び方も重要です。チームの選手たちに同じことを話しても、届く選手もいれば届かない選手もいます。とくに届かなかった選手に対しては、異なる角度から届くように、言葉や言い方を変えて伝えていかなくてはなりません。

指導者の言葉には、選手自身が想像もしていなかった世界へと導く力があります。その一方で、一歩間違えれば、

素晴らしい可能性を持った選手の力に蓋をしてしまう危険もあります。指導を通して選手とかかわるということは、その選手の人生にかかわるということです。そのためには指導者自身も、選手の現在地や到達点、選手の体のどこを見たらいいのかなど、着眼点を鍛えることが必要不可欠です。

暖炉のようなコーチングを

　私は、「暖炉」のような存在の指導者になりたいと考えています。暖炉は寒い冬、どの方向に対しても満遍なくやわらかい熱を出しています。暖かさを提供するだけでなく、火という圧倒的な魅力があり、人が寄っていきたくなる趣があります。

　選手は人それぞれです。指導者からあらゆることを吸収したいという選手もいれば、指導を億劫に感じる選手も

いるかもしれません。選手にとっては、自分が必要なときに近寄ることができ、自由に離れることもできる。そして、「伝える力」と「聴く力」を持ち、近寄りたいときに穏やかに対応してくれる魅力的な指導者がいれば、選手は暖炉の薪をくべるように、たくさんのエネルギーを返してくれます。

　そんな暖炉のような指導者としてのあり方※も、ぜひ考えてみてください。

※暖炉コーチングの詳細はこちら
　『続・私の考えるコーチング論：バレーボールアンダーエイジカテゴリーにおけるコーチングについて』
　https://www.jstage.jst.go.jp/article/jcoaching/37/Supplement/37_111/_pdf/-char/ja

指導者のための練習メニューの組み立て方

ストーリー性を持ったメニュー作りを

練習メニューを組み立てるとき、**最終的に何を成し遂げたいのかを考えることが重要です。**

たとえば今日は、ブロックでシャットアウトできるようになりたいという目標があったとします。そのためには、選手たちはまず、ブロックの手にスパイクが当たったときに、ちゃんと止められるという感覚を理解しておかないといけません。加えて、ボールが当たったとき空中で耐えられる体も必要ですし、相手のどこを見るのかという部分も必要になってきます。

このように、目標に対して必要な要素を1つひとつ洗い出していきましょう。ちなみに、洗い出した要素の中で、すでにできているものがあれば、別にそれをやる必要はありません。

言い換えれば、選手の現状と理想の違いを探せるかどうかにかかってきます。**違いを探せたら、理想に向かって、ストーリーを組み立てるように、必要なメニューを1つずつ決めていきましょう。** 必要な要素をクリアするための複数の練習を組み合わせることで、最適なメニューが完成します。

必要な要素の洗い出しとメニューの作り方例

目的：ブロックのシャットアウトを身につける

［必要な要素］

①ブロックの目的や役割、分類に対する正確な理解力 (メニュー135〜140)
②肩甲骨と体の前面の筋肉を連動させ、スパイクを止められるという感覚を持つ (メニュー141、142)
③構えからジャンプまでの正しいフォーム (メニュー140、147)
④空中でバランスを崩さずにキープできる体の使い方 (メニュー148、149)
⑤最短、最速で移動できるムダのないステップ (メニュー144〜146)
⑥相手の動きから情報を得て、スパイクを止めるための目の使い方 (メニュー151)

ボール練習よりボディコントロール

選手たちはどんなことができて、どういう部分が足りないのか。それを把握するには、繰り返しになりますが、指導者は「着眼点」を養う必要があります。

多くの場合、バレーボール技術を上達させるために、ボールを使った練習が中心になっているのではないかと思います。もちろん、ボールを扱った練習も欠かせませんが、私の経験では、**ボールを扱う前に、選手の体を変えていくことで解決できる課題がとても多い**と感じています。

指導のお手伝いにいった中学校チームの指導者から、「あの選手の動きを改善してあげたいけれど、どうしたらいいか」と相談を受けたことがあります。選手の動きを確認したところ、やりた

い動きをするための体の準備が足りないと思い、股関節と肩甲骨の動き作りのボディコントロールをお伝えしました。すると効果てきめんで、あっという間に今まで届かなかったボールに届くようになったそうです。たった2日間で選手のジャンプ力が向上したという報告を受けたこともあります。

体にアプローチすると、それほど大きな変化がもたらされます。バレーボールがどうかではなく、**今の体の使い方はこれでいいのか、どうやったらもっとスムーズに動けるのだろうか**。指導者がそういう視点を持ちながら、声かけをするようになると、選手は自分自身と向き合うことになり、より早く、より大きな成長につながることもあります。

3つの効果的な練習方法

①基本から応用へ

効果的な練習というのは、選手のレベルや取り組める時間によって異なります。とはいえ、バレーボールはあらゆる競技の中でも、難易度が高いスポーツです。初心者ばかりでゲーム形式などの複合的な練習を行うと、そもそもサーブが入らない。入ったとしてもボールがつながらない。結果的にゲームが成立しないという事態になります。本書では初心者向けにも、バレーボールのおもしろさが感じられるようなメニューを紹介しつつ、**基本練習から応用練習へと進めていけるような順で掲載しています。**

たとえば、オーバーハンドパスを習得したいなら、ひじの使い方や手首の使い方を身につけるためのメニューを実践し（メニュー 23）、それから1人で行う直上パス（メニュー 27）→2人組でのパス交換（メニュー 30）→ゲームの中での動きにつなげるための実戦練習（メニュー 162 など）というように応用練習に移っていくという流れです。

どこかの段階でうまくいかないようなら、前段階の基本に戻ったり、コーディネーションやボディコントロールを取り入れたりすることも重要です。難易度の高い練習ではなく、できるかできないかのギリギリの練習を繰り返し、選手が成長を実感できる瞬間を多く作ることが楽しみながら成長していくための鍵です。

●メニューの組み立て例

目的：オーバーハンドパス技術の向上

> ボールがうまくコントロールできない、何度も同じ所でミスをする、といった場合は、基本に戻る、難易度を下げる、またはコーディネーションやボディコントロールを取り入れる

 →  →  →

メニュー23
ひじの使い方を覚える

メニュー27
直上パスを行う

メニュー30
2人組でのパス交換

メニュー162
ゲームにつながる実戦練習を行う

②少しレベルアップしたメニューを行う

本書では 200 以上の練習メニューを紹介しています。この中の A というメニューを毎日同じように繰り返したとしましょう。いずれ技術が身につき、100％の成果になるかもしれませんが、同じ練習だけだと、それ以上の成果はなかなか出せません。

ですが、いつもの A という練習の効果を上げる方法があります。**Aの方法に条件や制限を加えて、少しだけハードルを高くして新しいAのメニューとする**のです。難易度を一気に上げたら別のメニューになってしまいますから、少しだけ難しくするのがポイントです。そう考えると、練習メニューは自分たちでほぼ無限に生み出せます。

たとえば、スパイクを打つメニュー（メニュー 116）であれば、相手ブロッカーを入れることで少しレベルが上がり、さらにレシーバーも入れれば、もう少しだけレベルアップしたメニューになります。本書で紹介しているメニューで、**「ハーフコートに限定する」「ルールを追加する」**などは、ほんの少しのレベルアップメニューを作る典型的な方法です。

選手や指導者が自分たちで必要な課題要素を考え、それに見合ったメニューを作り出せると、より効果的な練習につながります。

③臨場感を持って実戦をイメージした練習を行う

練習ではいかに臨場感を持たせるか、よりリアルなものを作っていくかも非常に大切です。練習は練習、試合は試合ととらえてしまうと、練習でやったことが試合で生きてきません。それぞれが別の取り組みになってしまうのです。

練習はあくまでも試合のため。ですから、**どんな練習でも相手や試合をイメージしながら白熱した雰囲気で練習ができれば、練習でやったことを試合で発揮しやすくなります。**

人間は潜在意識的に、リアルとイメージを区別できない生き物です。たとえば今、目の前にレモンがあることをイメージしてください。そのレモンをナイフで切りました。そのままレモンを食べてみます。それをイメージすると「うわっ、酸っぱい！」となりますが、実際は目の前には何もありません。何もなくても、イメージで反応は変わるということです。

つまり、リアルかイメージかというのは、脳は判断できない。だからこそ練習でもリアルに近い状況をイメージしながら行うだけで、質が上がります。ある程度のレベルにいくと、練習をしなくても映像を見るだけで成果が上がるといわれています。

初級レベルではそこまで求めるのは難しいでしょうが、**練習のときから臨場感を持って取り組むことで、得られる成果は大きく変わるのです。**

バレーボールの基礎知識

バレーボールの競技性とコート

　バレーボールは、ネットでわけられたコートの上で、2つのチーム（1チーム6人）が対戦する形で行われる。互いのチームは、自分たちのコートにボールを落とすことなく、3回以内（ブロックによる接触は除く）で相手コートに返球し合う。

※本書ではバレーボール6人制競技（以下、バレーボール）について解説する。

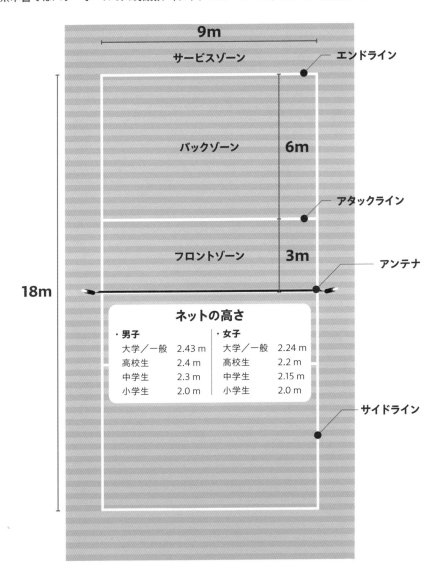

ネットの高さ			
・男子		・女子	
大学／一般	2.43 m	大学／一般	2.24 m
高校生	2.4 m	高校生	2.2 m
中学生	2.3 m	中学生	2.15 m
小学生	2.0 m	小学生	2.0 m

試合の勝ち負け

1試合3セットマッチや5セットマッチで行われ、3セットマッチでは2セット、5セットマッチでは3セットを先取したチームが勝利となる。1つのセットは25点を先取したチームが獲得するが、24対24の同点になった場合は「デュース」となり、2点差がつくまで試合は続けられる。ただし、最終セットは、15点を先取したチームが勝利チームとなる。

5セットマッチの場合

	1 セット	2 セット	3 セット	4 セット	5 セット
A チーム	**18点** 負	**25点** 勝	**26点** 勝	**23点** 負	**13点** 負
B チーム	**25点** 勝	**21点** 負	**24点** 負	**25点** 勝	**15点** 勝

※5セットマッチのうち、3セットを取ったBチームの勝利

どのようにして得点するか

まず試合前に両チームの代表がコイントスを行う。事前にコインの裏か表かを選び、選んだ面が出たチームは、試合のスタート時に相手コートに向かって打つ「サーブ（サービス）」を打つ権利（サーブ権）、または使用するコートを指定する権利のどちらかを選択する。

試合は、サーブ権を得たチームのサーブで始まる。ボールが床に落ちるか、ネットに引っかかるなどして、相手コートに返球できなくなるか、いずれかのチームが反則を犯すかペナルティーを受けるまで、ラリーは続けられる。ラリーを制したチームに1点が入る。

相手に1点が入るおもなケース

- **ダブルコンタクト**：同じ人が連続して2回ボールに触れる
- **フォアヒット**：同じチームの選手が4回ボールに触れる
- **キャッチボール**：体の一部でボールを静止させる
- **タッチネット**：プレー中にネットを触る
- **オーバーネット**：ネットを越えて、相手コートのボールを触る
- **アウトオブバウンズ**：ボールをネットの端にあるアンテナに当てたり、アンテナの外側を通過させたりする
- **ペネトレーション・フォールト**：インプレー中に足（くるぶしよりも下）が完全にセンターラインを越える
- **ポジショナル・フォールト**：サーブが打たれる前に移動して本来とは違う場所にいたり、サービスの順番を間違えたりする
- **バックプレーヤーの反則**：後衛にいる選手が、アタックラインよりも前で攻撃をして相手に返す

ローテーションとサーブ

サーブ権を持たないチームに1点が入ると、サーブ権を得て、そのチームの選手は時計回りに1つずつポジションを移動する「ローテーション」を行う。サーブ権を持つチームに1点が入ると、ローテーションは行わず、同じサーバーがサーブを行う。サーバーからボールが打たれた瞬間、コート内のサーバー以外の全選手は各自のコート内でローテーション順に位置していなければならない。ただし、プレーが始まると選手は自身の持ち場に移動する。なお、ロー

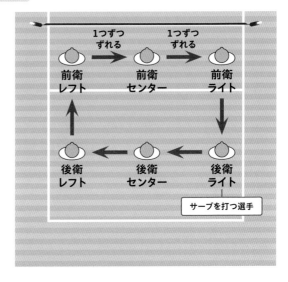

テーションで後衛に回った選手はブロックできない。また、スパイクもアタックラインの後ろから打つなど制限がある。

試合開始時においては、どの選手がどこに入るかは自由。サーブ権を持つチームは、サーブが強い選手からスタートする、セッターが後衛にいるときは、前衛にアタッカーが3人いる状況になるため、最も攻撃が強いローテーションになるなど、試合の戦術に大きくかかわるのがローテーションである。

選手交代とタイムアウト

大会によって異なるが、1チーム12〜14選手を登録して試合に出る。コートにいる選手とベンチの選手の入れ替えを1回とし、1セットに6回まで選手交代が認められている。同時に複数名の選手を交代することもできるが、1対1の交代を1回とカウントするため、2人ずつなら2回というカウントになる。ベンチに下がった選手がもう一度コートに入る場合は、自分に代わって入った選手としか交代できない。なお、前衛に入れないリベロとの交代は、選手交代の回数にカウントされない（後衛の選手となら、何回でも交代できる）。

タイムアウトは、1セットに2回（1回30秒間）取ることができる。タイムアウトの回数を次のセットに持ち越すことはできない。

バレーボールのポジション

　チーム内で担う役割やチーム戦術によって、以下のポジションの人数は変わるが、セッターとリベロを除いたすべての選手はアタッカーである。しかし、各ポジションに必要とされる能力だけを磨くのではなく、パス・レシーブ・ブロックなど、バレーボールに必要とされる、すべての技術の向上を図ることがとても重要である。

| アウトサイドヒッター（OH）

コートの両サイド（レフト側、ライト側）に位置し、攻撃ではスパイクを、守備ではサーブレシーブやディグを担う攻守の要。

| ミドルブロッカー（MB）

コートのセンターに位置し、ブロックの中心になるポジション。攻撃ではクイックをしかける選手が多い。

| オポジット（OP）

攻撃を最大の武器にし、前衛にいるときだけでなく、後衛に回っても常に攻撃に参加する。チームによってはオポジットを置かず、アウトサイドヒッターを置く場合もある。

| セッター（S）

攻撃の組み立てを考え、アタッカーにトスを上げるのが大きな役割。司令塔とも呼ばれ、一般に、チームのうち1人がその役割を担う。

| リベロ（L）

攻撃には参加できず、後衛でレシーブなどの守備を専門に行う。試合中は1人しかコートに入れない。1人だけ違う色のユニフォームを着用し、サーブやスパイク、ブロックを試みることはできない。アタックラインより前でオーバーハンドでトスを上げることはできるが、そのトスを打つのは反則になる。

基本用語集

	用語	意味
ア	アタック	点につながる攻撃的なプレー全般を指す。
	オープン攻撃	おもに両サイドの前衛アタッカーに高い軌道のトスを上げ、時間的余裕を持たせて打たせるスパイク。サードテンポともいう。
カ	クロス（スパイク）	ボールがコートをななめに横切るスパイク。
サ	サーブレシーブ（レセプション）	相手コートから打たれたサーブを受けるレシーブ動作。
	サイドアウト	相手のサーブ権を切って、サーブ権を取ること。
	シャットアウト	ブロックで相手陣にボールを落とし、点を取ること。
	ストレート（スパイク）	ボールがサイドラインと平行に打たれたスパイク。
	セカンドテンポ	セッターのトスと同時に助走を開始するアタック。
	セット	セッターがスパイカーに上げるパスのこと。トスともいう。
タ	ツーアタック	おもにセッターがトスを上げると見せかけて、スパイクやフェイントで攻撃すること。セッターが前衛にいるときしかできない。
	ディグ	サーブレシーブ以外の相手の攻撃を拾うレシーブ全般を指す。
ハ	バックアタック	後衛の選手によるスパイク。アタックラインの後方からジャンプを踏み切らないと反則になる。
	ファーストテンポ	アタッカーがセッターのトスよりも先に助走を始める最も速い攻撃。クイックともいう。

	用語	意味
ハ	ブレイク	サーブ権を持つチームが得点を取ること。
	ブロックカバー	味方のスパイクがブロックで止められたときに、ボールをレシーブすること。ブロックフォローともいう。
英数字	二段トス	レシーブしたボールがセッターの定位置から大きく外れた地点から上げるセットのこと。
	Aクイック	セッターのレフト側50cm～1m程度の距離にトスを上げる速いアタック。
	Aパス	セッターの定位置へ返ったレセプション。クイックやバックアタックなど、チームのすべての攻撃を使用できる。
	Bクイック	セッターのレフト側2～3m程度の距離にトスを上げる速いアタック。
	Bパス	セッターの定位置から半径1～2m以内に返ったレセプション。ほぼ、すべての攻撃を使用できる。
	Cクイック	セッターのライト側50cm～1m程度の距離にトスを上げる速いアタック。
	Cパス	ファーストテンポの攻撃が使用困難になったパスのこと。
	Dクイック	セッターのライト側2～3m程度の距離にトスを上げる速いアタック。
	Dパス	相手コートに直接返球する、またはスパイクで返球できないパスのこと。

第 **1** 章
コーディネーション
トレーニング

コーディネーションとは、「自分の体を自分で自由に操る能力」のこと。
バレーボールのみならず、スポーツを行う際は「コーディネーション能力」を
身につけることが、プレー向上のための近道になります。

バレーボールがうまくなる体作り

脳と体をうまく連動させるのが重要

　本章で紹介するのは「コーディネーション能力」を高める動きです。まず、コーディネーションとは何か説明します。

　人は運動をするとき、五感からの情報を脳で処理し、神経を通して筋肉に伝えて体を動かします。この**神経系をコントロールしスムーズに体を動かす能力のことを「コーディネーション（コーディネーション能力）」**といいます。

　コーディネーションは、おもに右ページで紹介する7つの能力を指します。運動するときには、これら7つの能力が複雑に組み合わさって使われているのです。

　コーディネーション能力を高めれば、スポーツにおける体の使い方が改善され、**運動パフォーマンスの向上や技術の習得、スピードの向上、ケガの予防につながります。**

　さらに、コーディネーション能力を高めるトレーニングは、動きながら脳も刺激する運動方法です。そのため、**スポーツに必要な思考力や集中力といった能力も養うことができます。**さまざまな面でスポーツに効果的なことから、世界中のアスリートたちに取り入れられているトレーニングです。

　一昔前は外で遊ぶのが一般的だったため、遊びを通じてコーディネーション能力を身につけられましたが、現代はなかなかそうもいきません。幼少期に体を動かすことが少なかった子たちは、そもそも体の動かし方がわかっていないケースもあります。バレーボールに必要とされる技術やプレーは多々ありますが、それらを習得する前に、土台となる体の使い方をスムーズにすることが、とても重要です。

コーディネーション能力は、7つに分類される

① リズム能力（例：メニュー14 小刻みステップドリル）

　リズム感を養うことで、動くタイミングを上手にする能力。見た動きを真似する能力も身につくため、技術習得スピードが向上する。さらに、落ちてくるボールにタイミングを合わせて体を動かすなど、最適なタイミングで体の動きを合わせられる。

② バランス能力（例：メニュー16 フラフープジャンプ）

　体のバランスを正しく保つ能力。また、体のバランスが崩れたときに、すばやく姿勢を立て直す能力でもある。ジャンプ後の着地などにも、体を支えるバランス感覚を養っておくことがとても効果的。

③ 変換能力（例：メニュー2 ボール投げワンバウンドキャッチ）

　状況の変化に合わせて、すばやく動きを切り替える能力。バレーボールは状況に合わせた動きがとくに多いスポーツ、かつ一瞬一瞬の場面はあっという間。だからこそ、急な状況の変化に合わせて行動を変える能力を身につける必要がある。

④ 反応能力（例：メニュー12 足し算、掛け算ダッシュ）

　合図にすばやく反応し、適切に動く能力。たとえば、相手の早い攻撃に対して、すばやく体が反応し、適切な行動ができるようになる。

⑤ 連結能力（例：メニュー3 足挟みボール投げ）

　体全体の動きを連携させ、すばやくスムーズに動かす能力。たとえば、スパイクのときも、助走から足で踏み切ってジャンプ、そのとき上半身はひねりつつ、手を後ろへなど、複数の体の連携が行われている。

⑥ 定位能力（例：メニュー9 ボール撃ち落としスロー）

　自分と動いているものや人との距離、位置関係を正しく把握する能力。このままのスピードだとほかの選手とぶつかってしまうので、少しスピードを緩めるなど、自分と相手との位置関係を空間と時間を掛け合わせて判断できる。

⑦ 識別能力（例：メニュー4 体リフティング）

　体の動きと道具を連携させて、うまくコントロールする能力。ふわっとボールをパスする、力強くボールを打つ、右方向にボールを高く上げるなど、力の程度や方向を調整する力でもある。

コーディネーション

ボール叩きバウンド

人 数	1人
場 所	どこでも
レベル	初級

ねらい ボールにどのように力を伝えたらどのように跳ね返るのか、ボールを扱う感覚を身につける。ボールをうまく扱えないと、ボールを押さえてしまい、思うように弾まない。

1 地面に置いた
バレーボールを叩く

2 手首のスナップを
使ってボールを弾ま
せて、ドリブルする

3 ボールの中心を
押さえ込んで、
ボールを止める

利き手と
逆の手でも
行う

コーディネーション

ボール投げ
ワンバウンドキャッチ

人 数	1人
場 所	どこでも
レベル	初級

ねらい バレーボールでは、さまざまな姿勢から起き上がったり、飛び込んだりと、すばやく自由に体を動かせるようにするのが重要。ボールへの力の伝え方と自分の体をすばやく動かす能力を養う。

1 ボールを持って
うつ伏せになり、
体を反らす

2 体を振り子の
ように使った反動で
ボールを弾ませる

3 すばやく
起き上がって
ボールをキャッチ

ツーバウンド
する前に
キャッチ！

menu 003

コーディネーション

足挟みボール投げ

人数　1人
場所　どこでも
レベル　初級

ねらい タイミングを合わせて体の各部位を正確に同時に動かす能力（連結）を磨く。ボールの下に手を差し込んで手の甲で上げるレシーブ「パンケーキ（メニュー84）」も習得する。

1 両足でボールを挟んで立つ

✔ CHECK! 両足のかかと付近でボールを軽く挟む。

2 足だけでボールを浮かせる

> ボールがまっすぐ上がるようにコントロールする

✔ CHECK! ジャンプと同時にひざを曲げてボールを上に上げる。

3 浮かせたボールをキャッチする

✔ CHECK! なるべく姿勢を崩さずに、胸元あたりの高さで、ボールをキャッチできるとよい。

4 ②で浮かせたボールをパンケーキで拾うパターンも行う

> 難しい場合は③のキャッチでOK

✔ CHECK! 発展形の1つ。キャッチよりも、体をすばやく正確に動かす練習になる。

コーディネーション

体リフティング

人 数	1人
場 所	どこでも
レベル	初級～中級

ねらい ボールを落とさずに扱うサッカーのリフティングで、手を使ってもOKとする。バレーボールは全身のどこでレシーブしてもよいため、いろいろな部位でボールをコントロールできるようにする。

1 足でボールを落とさないようリフティング

2 頭や肩も使ってボールを上げ続ける

アドバイス！

ある程度長く続けられるようになったら、たとえば同じ体の部位で2回連続ボールを触ってはいけない、左右の部位を交互に使うなど、少し難しい条件を付け加えても続けられるようにしてみましょう。

コーディネーション

ボールオンボール

人 数	2人
場 所	どこでも
レベル	初級

ねらい 足を運んでボールがくる場所にすばやく入り、飛んでくるボールの勢いを吸収するようにしてボールでキャッチする。ボールの中心をとらえる感覚を養うことで、レシーブ技術の習得にもつながる。

1 受け手は、ボールを体の前で持つ。ボールを出す側はワンバウンドで出す

2 ボールを自分が持っているボールの上に乗せてキープ

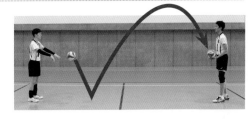

自分が持っているボールの上にピタッと乗せる

アドバイス！ 慣れてきたら、ノーバウンドで投げてもらったボールをボールの上に乗せてみましょう。また、1人で行える発展形の練習に、持ったボールとその上に乗ったボールの2つを同時に上に投げて、上下のボールの位置を交換する（持っていたボールを上に乗せる）、といった方法も。

コーディネーション

馬跳びキャッチ

人　数	2人
場　所	どこでも
レベル	初級

ねらい　とくにバレーボールを始めたばかりの人は、ボールが落ちてくる所に移動するだけでも慌ててしまうことがある。そうならないために、体の動きとボールのタイミングを合わせる力を身につける。

1 ボールをやや前方に投げ上げる

2 ボールが浮いている間に馬跳びをする

3 落ちてくるボールをキャッチする

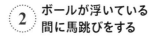

コーディネーション

2個ドリブルバウンドパス

人　数	2人
場　所	どこでも
レベル	初級

ねらい　2個のボールを同時に扱うことで、ボールに慣れることはもちろん、複数の動きを組み込むことで脳を刺激して、さまざまな状況に対応できる判断力をアップさせる。

1 2個のボールで同時にドリブルをする

2 3バウンド目でボールを2個とも相手にパス

✔ CHECK!

左右のドリブルのリズムが変わると、自分がドリブルしにくいだけでなく、バウンドパスを受ける相手も受けにくくなる。2人で「1・2・3!」と声を出しながらパス交換を続けるとやりやすい。

コーディネーション

2個ボール入れ替えキャッチ

人 数	1人
場 所	どこでも
レベル	初級

ねらい 1個のボールのみを目で追わないことで、周辺視野（顔を動かさずに見える視野の範囲）を意識しながら、ボールコントロール力と体のコントロール力を磨く。

① 両手で同時に2つの
ボールを投げ上げる

② 両手を左右入れ替えて
ボールをキャッチする

アドバイス！

2個のボールは同じ高さに投げ上げないと、キャッチするのが難しくなりますが、ひざのバネを使って投げると高さを合わせやすいです。右手が上で終わるとき、左手が上で終わるときの、どちらも行ってみましょう。

コーディネーション

ボール撃ち落としスロー

人 数	2人
場 所	どこでも
レベル	中級～上級

ねらい 動いている物に対してねらいを定め、別の物をタイミングよく当てるコーディネーション能力を磨く高度な練習。状況判断、タイミング、コントロール、空間認知能力なども高めることができる。

① 1人が相手に
ボールを投げる

② 投げられたボールに
もう1人がボールを
投げて当てる

アドバイス！

投げるだけでなく、スパイクでボールを当てるなど、いろいろな方法で実施してみましょう。相手のボールの軌道、自分のボールのスピードや高さなどを正しく予測できれば、スパイクでも当てることができます。

menu 010	コーディネーション	人数	2人

片手レシーブ＆片手ドリブル

場所	どこでも
レベル	中級

ねらい バレーボールでは助走をしながら相手コートを見るなど、何かをしながら別の行動をしないといけない場面が多い。左右の手で別々の動きを同時に行うことで、動きとともに神経系を鍛える。

① 左手でドリブルを行う

② ドリブルを続けながら、投げられたボールを右手でレシーブ

アドバイス！

どちらかの動きに集中しすぎると、もう一方の動きが疎かになりやすいです。左右の動きを入れ替えて同じように行い、正確に体やボールを動かせるようになりましょう。

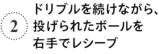

menu 011	コーディネーション	人数	2人

棒キャッチ

道具	棒
レベル	初級

ねらい 正確に動いてからダッシュするというバレーボールの動きにつなげる練習。自分と相手のタイミング、呼吸を合わせながら動くことが大切。慣れてきたら2人の間の距離を遠くする。

① 長い棒を持ち、2人で向き合う

② 棒を離してダッシュ。相手の棒を倒れる前にキャッチする

アドバイス！

棒がなければ、ボールで代用してもOK。その際は、お互いに持ったボールをバウンドさせて場所を入れ替わり、ツーバウンドする前にキャッチすれば成功とします。

コーディネーション

足し算、掛け算ダッシュ

人数	3人以上
場所	どこでも
レベル	初級

ねらい 指示役がかんたんな計算問題を出し、ほかの選手は答えながらダッシュする。ダッシュする方向は答えによって変える。瞬時の判断力とそこからのすばやい動きに結びつける。

1 指示役に背中を向けて一列に並ぶ

足し算ね！

2 問題の答えが偶数なら左、奇数なら右にダッシュ

右！ 5

☑ CHECK!

事前に足し算か掛け算かを決めておき、指示役は、手を叩いてから手で数字を示す。手を叩いた瞬間に並んでいる選手たちは振り向いて、答えの方向にダッシュする。間違った選手や一番遅かった選手は腕立て伏せ10回など、ウォーミングアップとしてゲーム感覚で行うと盛り上がる。

コーディネーション

ミラートレーニング

人数	2人
場所	どこでも
レベル	初級

ねらい スポーツでは見た動きを再現できる能力があると、新しい技術習得に役立つ。2人1組になり、鏡の中に入ったイメージで相手の動きにすばやく反応し、同じ動きをする。

1 2人で向き合って立ち、1人が体を動かす

体を動かす

2 自分が鏡になったつもりで相手の動きをすばやく真似する

動きを真似する

アドバイス！

最初は手を叩く、高速足踏みなど細かい動きから始め、少しずつジャンプやサイドステップ、回転レシーブ（メニュー82をボールなしで）といった、大きな動きや変化のある動きも取り入れていくとよい練習になります。

コーディネーション

小刻みステップドリル

人　数	3人以上
場　所	どこでも
レベル	初級

ねらい 指示役が上下左右に手で合図。上はジャンプして手を叩く、下はうつ伏せ、左右はその方向を向くなど、あらかじめ行う動きを決めておき、その動きを行う。瞬時の判断力や敏捷性が身につく。

1 重心を下げ、その場で小刻みに足踏みをする

2 指示役の合図を見てすばやく反応する

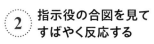

上だから、ジャンプして手を叩く！

上下左右のどこかに手を動かす

✓ CHECK!

指示役が上下左右に手を動かして示す合図にともなう動きはなんでもOK。指示役の合図までは小刻みに足踏みを続けて待つ。長時間続けるよりも、短時間でテンポよく、繰り返し行うほうが効果的。声を出しながら行うと雰囲気も盛り上がる。

コーディネーション

ボールリレー

人　数	4人以上
場　所	フルコート
レベル	中級

ねらい ワンバウンドでネットに当てたボールをキャッチするなど、ボールにまつわる課題をクリアしてからダッシュ。2チームにわかれてリレーで競争する。ボールを操るコントロール力が身につく。

ボールを使う課題を設定し、課題をクリアしたら反対側のエンドラインまで走り、戻ってボールを次の選手に渡す

右図は、ワンバウンドでネットに当てて戻ってきたボールをキャッチしたら、ネット下をくぐって走るという課題。2人目以降も同様に行い、チームでどちらが速いか競う。

アドバイス！

リレーでも焦らずに、課題に集中してクリアすることが大切です。さまざまな課題で実施すると、ボールコントロール力とともにダッシュ力も身につきます。ダッシュもバック走やさまざまなステップにアレンジしてみてください。

◄ ボールの軌道
◄ 移動

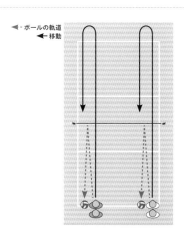

コーディネーション

フラフープジャンプ

人　数	1人以上
道　具	フラフープ
レベル	中級

ねらい　フラフープを投げる選手の動きを見ながら、戻ってくるフラフープの進行方向へ先回りして動きながら、タイミングを合わせたジャンプでコーディネーション能力とチームワークを高める。

(1) フラフープに逆回転をかけて投げる

(2) 転がり戻ってくるフラフープをジャンプして跳び越える

☑ **CHECK!**

この練習は1人でも、跳び越える選手を増やした複数人でもできる。人数が多いほど、投げる側はフラフープがより長く転がる投げ方を意識し、跳び越える側は跳び遅れたり、引っかかったりしないように、タイミングを合わせて跳ぶ。

コーディネーション

円陣放り投げキャッチ

人　数	3人以上
場　所	どこでも
レベル	中級

ねらい　多人数で行える練習メニュー。合図に対してすばやく正確に対応する能力を高めるだけでなく、チームメイトなど自分以外の選手が次の動きをしやすいような考え方を身につける。

(1) 1人が1個ずつボールを持ち、同じ方向を向いて円になる

(2) 全員で声を合わせてタイミングを計ってボールを真上に上げる。自分の前の選手が投げたボールを前進してキャッチ

慣れてきたら歩きながら投げる、または、前の選手ではなく後ろの選手が投げたボールを振り向いて移動してキャッチするといった方法もあり。そのほか、円になって内側を向き、右隣の選手にボールを投げるのを5回→左隣に4回→右隣に3回→左隣に2回→右隣に1回という流れを、全員がボールを落とさないように行う発展形も、頭を使う練習として効果的。

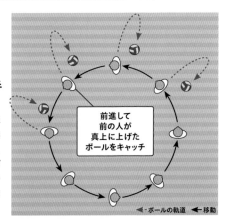

前進して前の人が真上に上げたボールをキャッチ

◀‥‥ ボールの軌道　◀── 移動

menu **018**

コーディネーション

ボール奪い合いゲーム

人　数	8人以上
場　所	どこでも
レベル	中級

ねらい 4チームにわかれ、中央に置いた7個のボールを自分の陣地に3個集められたら勝ちとする。チームワークだけでなく、状況判断、瞬発力、指示する力や連携する力など、さまざまな能力を磨く。

① 各チーム1人ずつ、ボール1個を自分の陣地に移動させる

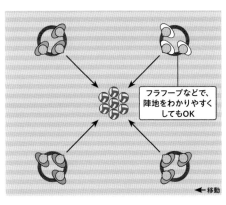

フラフープなどで、陣地をわかりやすくしてもOK

← 移動

☑ **CHECK!** スタートの合図で、各チームの1人目は中央にあるボールを取りにいく。

② 前の選手が陣地に戻ってボールを置いたら次の選手が動ける

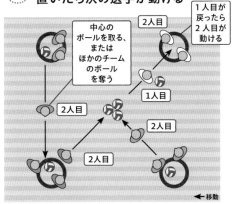

中心のボールを取る、またはほかのチームのボールを奪う

1人目が戻ったら2人目が動ける

2人目

1人目

2人目

2人目

2人目

← 移動

☑ **CHECK!** 1回の移動で持てるボールは1個。ほかの選手や自陣に投げてはいけない。

③ 2人目以降はほかの陣地にいってボールを奪ってOK

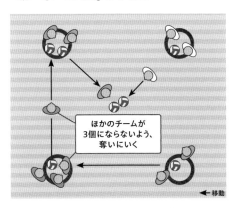

ほかのチームが3個にならないよう、奪いにいく

← 移動

☑ **CHECK!** 自分たちがボールを先に集めるために、ほかのチームの状況を見て動く。

④ 一番早くボールを3個集めたチームが勝ち

☑ **CHECK!** 自分で決断するにも、ほかの選手に指示を出すにもすばやい状況判断が必要になる。

コーディネーション

ボール2、3個ドッジボール

人　数	6人以上
場　所	どこでも
レベル	中級

ねらい ボールを投げる、取るといったドッジボールの動きはバレーボールに応用できる。その上でボールを2個、3個と増やして行うと、反応や判断力をより高められる。

ドッジボールをボール2個で行う

2個での動きに慣れてきたら、ボールを3個に増やしてドッジボールを行う。バレーボールをソフトバレーボールに変えたり、異なるボールを混ぜたりして実施する方法も効果的。

アドバイス！

バレーボールと同様、ドッジボールは視野を広げて、仲間や相手の動きを見つつ、自分で最適な行動を考えて動く必要があります。チームとしてドッジボールをプレーする中で、仲間を思いやる気持ちや協調性も身につきます。

COLUMN

リズムに合わせて体を動かしてみよう

バレーボールでは、ボールの動きにタイミングを合わせて、自らの体を動かしていかないといけません。そのために効果的なのが音楽を使ったトレーニングです。

軽快な音楽や4拍子のリズムを用意して、そのリズムに合わせてタイミングよくジャンプをする、ステップを踏むといった動きを行ってみましょう。ステップを踏む際も、足の動きだけでなく手の動きも

つけてタイミングを合わせるなど、複雑にしていくと、より効果的な練習になります。

リズム感を高めれば、動きにメリハリがつくのはもちろん、運動能力を向上させてパフォーマンスがアップするだけでなく、ケガの予防にもつながります。

音楽を聞きながら楽しんで行えるトレーニングなので、どんなレベルの子にもおすすめです。

第 2 章

オーバーハンドパス＆
アンダーハンドパス

攻撃の前に、パスがつながらなければ、得点を獲得するのは難しくなります。
オーバーハンドパスとアンダーハンドパスの基礎からしっかりマスターして、
思った方向にボールをコントロールできるようにしましょう。

オーバーハンドパス

1 ひじを曲げ、両手を上げながら落下点にすばやく移動する

2 腰を落として構え、ボールが額の少し上にくるまで引きつける

アドバイス!

ボールをある程度コントロールできるようになったら、味方のポジションや相手の陣形を把握するために、移動しながら一瞬ボールから目を切って確認できるようにしましょう。また、オーバーハンドは、パスをしたい方向に体を向けてパスするのが、一番かんたんなんですが、どの方向にも自在にボールをパスできるよう、さまざまな上げ方を練習するといいです。

☑ CHECK!

ひじは肩幅よりやや広めに開き、肩より高い位置でボールを迎える。力まずにリラックスしておく。

☑ CHECK!

ボールの位置は両手の間から上目遣いで見る。

ねらい

味方にボールを送るプレーをパスといい、額（ひたい）の上で両手を使ってボールを扱うパスはオーバーハンドパスという。セッターからアタッカーへ、トスを上げる場面でよく使われる。この際、アタッカーが打ちやすいトス（セッターがボールをトスすることを配置する、整えるという意味の英語を用いてセットともいう）を心がけることが重要。手首、ひじ、下半身のバネでエネルギーを生み出し、どんな状況でもねらった位置に正確にパスできるような技術を身につける。

③ ひじやひざのクッションをやわらかく使ってボールを受ける

④ 手首、ひじ、下半身のバネを使い、ボールを前に送り出す

> ボールを持って、引いてから出すような動きではなく、手に入ったボールを出すという動きになる

✔ CHECK!

ボールを飛ばす方向と、手、肩、腰、かかとが同じ方向を向いていて、一直線になっているとボールに力が伝わりやすい。

✕ これはNG

ボールに触れた瞬間にひじやひざが伸び切っていると、ボールの勢いを吸収したり、体のバネを利用してボールを送り出したりできない。ただし、ボールの動きを止めてしまうのはキャッチボールという反則。ボールを手に呼び込んだら、手首、ひじ、下半身の力で弾いてパスを出す。

オーバーハンドパスの基礎

ボールのとらえ方

人　数	1人
場　所	どこでも
レベル	初級

ねらい ボールをねらった通りにコントロールしやすいオーバーハンドパスで、手の構え方やボールのとらえ方を身につける。指の第二関節あたりまでを使い、ボールを両サイドからつかむような形から作る。

① 床に置いたボールを両手で上から押さえる

☑ **CHECK!** 親指、人差し指、中指の第一関節あたりで、やさしくボールを挟む。

② ボールを額(ひたい)のやや上まで持ってきて、とらえ方を確認

☑ **CHECK!** ひじを伸ばし切らないように。目線はボールを見るようにする。

アドバイス！

この練習メニューは、あくまで手の構え方を確認するためのものなので、②で終わってOK。実際のオーバーハンドパスは、ボールをつかむわけではないので、あくまでやさしく持つようにしましょう。床にそのまま押しつけてみて、指が少しボールに押される感覚がわかると、さらに効果的です。また、②で正しい手の構え方がわかった所で、メニュー45の「壁とお友だち」などを続けて行うと、正しい構え方を意識しつつ、ボールコントロールの技術も身につきます。

オーバーハンドパスの基礎

指と手首のバネパス

人　数　2人
場　所　どこでも
レベル　初級

<table>
<tr><td>ねらい</td><td>オーバーハンドパスは、指、手首、ひじ、下半身のバネでボールをコントロールする。指や手首のバネはボールの勢いで勝手に起こるものであり、自分で起こすものではないことを体感する。</td></tr>
</table>

① 親指と人差し指でキャッチし、ボールをとらえる位置を確認

ほかの指は使わないので、曲げておく

✔ **CHECK!** 投げられたボールを額のやや上で親指と人差し指を使ってキャッチする。

② ①と同じ位置で、3本指でボールを受けたら、キャッチせずにそのままボールを落とす

指は大きく開く

ひじは動かさない

✔ **CHECK!** 指と手首のバネでボールが勝手に跳ねて出るのを感じる。五本指でも同様に行う。

③ ②の手にボールが入った瞬間に、指と手首のバネでボールを弾いて前に飛ばす

✔ **CHECK!** 指と手首は意識せず、ひじをすばやく伸ばしながら押し出すイメージで行う。

✕ これはNG

手に入ったボールの勢いを吸収しようとしてひじを曲げると、ボールを引いて出すという2方向の力になり、キャッチボールという反則になるので気をつける。あくまで、ボールが飛んできた勢いに合わせて、自然と動く指や手首のバネで跳ね返るのを感じる。

オーバーハンドパスの基礎

タオルでひじのバネをチェック

人 数	2人
道 具	フェイスタオル
レベル	初級

ねらい 折り畳んだタオルを使ってひじのバネの使い方を覚える。タオルを押し出すように、ひじのバネだけで投げられたボールを弾き返す。最初はボールを遠くや高くに飛ばそうとしなくてよい。

① タオルを持ち、額の前で構えておく

② 投げられたボールをタオルで弾き返す

☑ CHECK!

タオルでボールを押し出すとき、ひじが下に下がってしまわないように注意する。まずは、ひじのバネで、ボールが飛ぶことを実感できるとよい。

オーバーハンドパスの基礎

潜り込みキャッチ & パス

人 数	2人
道 具	バスケットボールなど
レベル	初級

ねらい 手首とひじのバネの使い方をマスターしたら、ボールを遠くに飛ばすために欠かせない下半身のバネの使い方を覚える。バレーボールより重いバスケットボールなどを利用すると、より効果的。

① 相手が投げて一度バウンドしたボールの真下に入る

② 潜り込んでボールをキャッチする

③ 立ち上がる勢いでボールを飛ばす

②の動きを少しずつ早くして、キャッチせずに飛ばせるようになると◎

menu
025

オーバーハンドパス

3つのバネを合わせるパス

人 数	1人
道 具	イス
レベル	初級

ねらい　手首（指）、ひじ、下半身と、別々にわけて練習したバネの力を合わせて行う。それぞれの力を一直線に同時に発揮できると、オーバーハンドパスが遠くに飛ぶようになる。

① イスに浅く腰かけて、ボールを上に投げる

② 落ちてきたボールをななめ上にパスする

✔ CHECK!

パスは足、ひじ、手首（指）の順に動かし、足のバネをしっかりボールに伝えることが大切。イスの代わりにバランスボールに座り、体を小刻みに上下させてから始めると、バネを使う感覚が身につきやすい。

---

menu
026

オーバーハンドパス

ボール持ちオーバーハンドパス

人 数	2人
道 具	ボール2個
レベル	初級

ねらい　オーバーハンドパスで弾いて飛ばすタイミングを学ぶ。正しい位置、正しいタイミングで当てないとボールは飛ばない。持ち気味に上げてしまうと、タイミングがずれて遠くに飛ばせない。

① オーバーハンドパスの姿勢でボールを持つ

② 投げられたボールをボールで跳ね返す

✔ CHECK!

ひざを軽く曲げた姿勢になり、下半身のバネやひじのバネを使って跳ね返す。ボールの下から正しく力を伝えられていないと、投げられた方向にボールが返らない。

オーバーハンドパス

ちょくじょう
直上パス

人数	1人
場所	どこでも
レベル	初級

ねらい オーバーハンドパスの基本になる、自分の真上に上げる直上パスを覚える。慣れてきたら前後左右に動きながら、コート1周やネットを越えるパスなど変化をつけて行うとよい。

① 自分の真上に連続して上げ続ける

② パスをしながらいろいろな方向に動く

アドバイス!

最初はその場で行い、慣れてきたら前向きや後ろ向き、サイドステップなどで動きながら実施してみましょう。周りの選手にぶつからないように周辺視野を意識したり、ボールから瞬間的に目を離す練習も効果的です。

オーバーハンドパス

目切りパス

人数	2人
場所	どこでも
レベル	初級

ねらい ボールを見てオーバーハンドパスをするだけでなく、ボールから目を切って（ボールから目を瞬間的に離して）、相手やパスでねらいたい方向を見てからパスを出せるようにする。

① 1人がペアの人にボールを投げ、手でサインを示す

② 受け手は、ボール、サインを確認してからパスを返す

パー！

サインを声に出す

☑ CHECK!

サインはグーチョキパーで示す。慣れてきたら、グーはオーバー、パーならアンダーで返すなどルールを決める。練習者はボールを見て落下位置を予測し、移動しながら出されたサインを確認してパスを行う。

menu 029

オーバーハンドパス

2個ボールパス

人 数	2人
道 具	ボール2個
レベル	中級

ねらい 2人で2個のボールを使う。オーバーハンドパスで正確に返しつつ、同時に相手は別のボールをワンバウンドで出す。交互に繰り返すことで、ボールから目を切ってパスをする動きが身につく。

1人はオーバーハンドパスで相手に返し、同時に相手はボールをバウンドさせて返す

✔ CHECK!

2人で交互に繰り返す。ボールから目を切るだけでなく、相手にバウンドさせたボール（バウンズボール）を出すタイミングを図り、息を合わせることを意識する。慣れてきたら、アンダーハンドパスでも行うとよい。また、バウンドさせるボールをテニスボールなどにする、バウンスボールの代わりに足でパスするといった方法を取り入れると、少し難易度が上がった練習になる。

menu 030

オーバーハンドパス

高速オーバーハンドパス

人 数	2人
距 離	50cm ～1m
レベル	初級

ねらい オーバーハンドパスで相手の動きにタイミングを合わせる練習。回数を多くすることを目指し、ボールに触れる時間を短くすることでボールハンドリングを磨く練習にもなる。

① 2人で向かい合い、高速でパスをし合う

② ジャンプしながら、高速でパスをし合うパターンも行う

ジャンプと同時にパスをする

✔ CHECK!

目安として、① は10秒間で40回、② は10秒間で25回続けることを目指す。ボールを持っている時間を短くして、手の中に入ったボールを弾くようにパスする。

アンダーハンドパス

1 足を肩幅に開いて腰を落とし、片足を前に踏み出して構える

2 できる限り早くボールの落下点に移動し、両足の足幅の間でボールをとらえられるようにする

アドバイス！

できる限り早くボールの落下点まで移動して、セッターに面を向けてからボールを触るのが重要です。その際、前腕だけでなく、両肩と手を結んだ三角の面全体が返したい方向に向いているとよいです。体が伸び切ってボールを触るのではなく、落ちてきたボールを待って足で運ぶイメージでボールを送り出しましょう。

☑ CHECK!

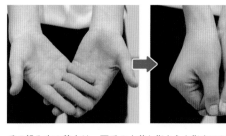

手の組み方の基本は、両手の人差し指から小指までの部分同士を伸ばしたまま重ね、両手を閉じて親指をそろえるのが一般的だが、実際には組み方に決まりはない。

ねらい　基本的に、両手を組んで前腕（ひじから手首までの部分）でコントロールするパスをアンダーハンドパスという。おもに仲間へのパス、アタッカーへのトス（セット）で使う。次にボールに触る仲間を生かすために、できる限り早くボールの落下点に入り、ていねいかつ余裕を持って、味方がつなげやすいパスを出せるように準備する。近年はサーブやスパイクが高速化しているため、体と腕の姿勢を最短、最速で準備し、しっかり面を作ってボールを返せるようにしたい。

③ 腕はまっすぐ伸ばし、前腕の真ん中あたりにボールを当てる

④ ひざをやわらかく使って、ボールを前に送り出す

☑ **CHECK!**

腕で作った面をボールの落下点に合わせ、ボールを返したい方向にしっかりと向ける。

☑ **CHECK!**

自分の体の左右に来たボールをパスする際も、面の角度を調整してコントロールする。

✕ **これはNG**

体から遠すぎる場所でボールを拾う、ひざが伸び切っている、重心が後ろにあるといった姿勢は、ボールコントロールが難しいので避けたい。

アンダーハンドパス

ななめ前移動パス

人数	2人
道具	マーカーコーン
レベル	初級

ねらい アンダーハンドパスは常に体の正面で返せるわけではない。パスの基本姿勢を作ったあと、左右にくるボールに対してステップを踏み出して、アンダーハンドパスで返す。

① 少し重心を落として構える

マーカーを体に対してななめに置く

② 左右に1歩踏み出してアンダーハンドパスで返す

マーカーの所まで足を出す

> **アドバイス!**
>
> ステップは、最終的に進行方向の足が前にくるようにする。仮にボールが左前に来た場合は左足を1歩踏み出す、2歩なら右足→左足の順で足を出す。3歩なら左足→右足→左足というステップになる。

パスワーク

前後移動パス

人数	4人以上
道具	コーンなど
レベル	初級

ねらい 前後に移動してからオーバーハンドパスやアンダーハンドパスを行う。ネット際に並んだ3〜5人が連続してボールを出し、練習者はパスをしたら後方のコーンを回り込んで、またパスを返す。

① アタックライン近くまで移動してパスし、後方のコーンを回り込む

② 次の選手の近くまで移動してパスし、後方のコーンを回り込む。それを繰り返す

✔ CHECK!

コーンはネットから6mあたりに3〜5個置く。練習者は数人で次々と出されるボールをパスで返す。逆方向、もっと前や後ろにコーンの位置を変えると、さまざまなステップを使いこなす練習になる。

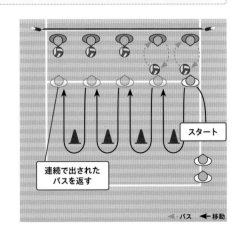

スタート

連続で出されたパスを返す

◀····· パス ◀── 移動

<table>
<tr><td>menu</td><td>パスワーク</td><td rowspan="2"></td></tr>
<tr><td>034</td><td>4ヶ所移動パス</td></tr>
</table>

人 数	3人以上
場 所	ハーフコート
レベル	中級

ねらい ▶ 前後左右に出されるボールに対し、できる限り早くボールの落下点まで移動して、正確にセッターにボールを返す。最短、最速で移動するためのステップも同時に学ぶ。

①~④の順に動きながら
4本連続でセッターにパスをする

さまざまな所に出されるボールを、ステップを使いわけながら落下点に移動し、セッターにパスを返す。順番や場所といった組み合わせは自由に決めて OK。オーバーハンドとアンダーハンド、両方できるようにする。

> **アドバイス!** 発展形として、8ヶ所に移動する練習もあります。その場合は、④でパスをしたあとに、③②①スタートと逆に戻ってセッターにパスを返します。セッターへのパスではなく、アタッカーがいると想定して二段トス（P26）を上げる方法もあります。

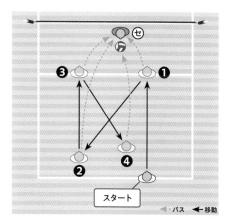

<table>
<tr><td>menu</td><td>パスワーク</td><td rowspan="2"></td></tr>
<tr><td>035</td><td>2人組対人パス</td></tr>
</table>

人 数	2人
場 所	どこでも
レベル	初級~上級

ねらい ▶ あらゆる練習の基本になるメニュー。相手に正確にボールを届ける、目を切る、落下点にすばやく移動する、さまざまな高さでコントロールするなど、どのようなねらいでも実施できる。

2人で向かい合い、パスをし合う

✔ CHECK!

パスは相手の取りやすいボールを出すだけでなく、相手にとってギリギリのボールや、これが取れたら仲間のレベルが上がるというボール（実際に試合で来るボールを想定）を出すなど、自分たちの課題を考えて、その課題が達成できるよう意識しながら行う。

パスワーク

対人での片手パス

人 数	2人
距 離	3〜6m
レベル	中級〜上級

ねらい 通常は両手で扱うボールを片手で扱って2人でパスを続ける。実際の試合では片手でボールを処理しなければならない場面もあるため、左右ともに片手でもコントロールできるようにする。

2人で向き合い、片手だけでパスを続ける

約3m

アドバイス！

返したい方向に面を向けるのは両手でパスするときと同じです。ダイレクト返球だけでなく、片手レシーブしたものを自らスパイクで返す、または、片手レシーブで自分に上げてからトスをし、スパイクで返球する、といったように連続タッチにすると、さらに1本1本の質を高められます。

アンダーハンドパス

高速アンダーハンドパス

人 数	2人
場 所	ネット付近
レベル	初級〜中級

ねらい ネットの下で2人で近距離のアンダーハンドパスを繰り返す。腕の面の向きや体重移動でボールをコントロールする技術が身につく。判断や反応をすばやくするのがポイント。

10秒間に20回以上アンダーハンドパスを続ける

☑ CHECK!

重心を低いままキープし、腕を振らずに、ボールを前へ送ることを意識する。相手が取りやすく、足を動かさずに対応できる範囲でパスを出す。慣れてきたら、取りづらい所に出して、パートナーの体捌き（たいさば）（P55）の練習にすることもできる。

アンダーハンドパス

menu **038**

たいさば
体捌きアンダーハンドパス

人 数	2人
距 離	5～6m
レベル	中級

ねらい 2人で5～6mほどの距離を取って向かい合い、アンダーハンドでパスをし合う。サーブレシーブなどで胸元にくる、差し込まれるようなボールに対しての反応や判断、対応力を磨く。

5～6mほどの距離で相手の胸元をねらって強く返す

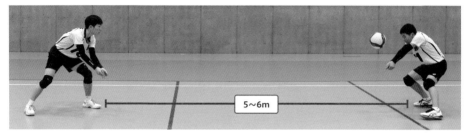

5～6m

☑ **CHECK!** 受け手は、相手の動きを予測して、すばやくボールコントロールのしやすい姿勢や腕の面を作る。できる限り強いボールを返すために、体捌きの判断や足捌きを重視する。サーブレシーブの練習にもなる。

COLUMN

体捌きって何?

体捌きとは、もともと柔道・剣道などで、相手の攻撃を制しながら巧みに体を移動させたり、姿勢を変化させたりすることを表す言葉です。

バレーボールも、時間があれば、先にボールの落下点にいって安定した姿勢を作ってからボールに触るということができますが、胸元あたりに飛んでくるボールは、差し込まれた状況になり、ボールコントロールが難しくなります。そういった状態を避けるためには、胸元にくると思った段階で、オーバーハンドでレシーブするか、足のステップ

（足捌き）をうまく使って自分の体をどこに持っていくか、瞬時に判断しなければなりません。どちらかの足をパッと後ろに引きつつも、腕の面は前を向けたまま、目線も残してボールを触りましょう。

その際、自分の腕の面とボール、そして返す場所を視野に入れながら体を捌けると、姿勢が安定しやすいです。

パスワーク

3人組
直線パス

人　数	3人
距　離	9m
レベル	初級

ねらい 3人が4.5m間隔で一直線に並び、オーバーハンドパスやアンダーハンドパスで距離感をコントロールしながら正確にパスする。後ろの選手へのバックパスの感覚もつかむ。

1 端の選手が真ん中の選手へ4.5mパス

2 真ん中の選手は4.5mのバックパス

3 最初の選手に9mパスで戻す

4.5m

4.5m

パスワーク

4方向パス

人　数	5人
場　所	ハーフコート程度の広さ
レベル	初級

ねらい 4人が正方形を作り、その真ん中に入った1人がさまざまな方向からパスされるボールを、「右」「左」「後ろ」などと指示された方向にオーバーハンドパスやアンダーハンドパスで返す。

1 周りからパスした選手は声で「右」「左」「後ろ」などと指示する

2 真ん中の選手はその方向にパス

3 ボールを受けた選手は真ん中にパスを返し、再び声で指示を出す

✔ CHECK!

最初は、前方向と左右へのパスは、体をその方向に向けて行う。慣れてきたら、背中越しのバックパスやサイドパスなど、さまざまな上げ方で取り組んでみる。

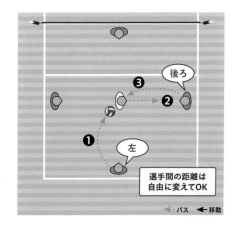

後ろ

左

選手間の距離は自由に変えてOK

パス　移動

<table>
<tr><td>menu</td><td>パスワーク</td></tr>
<tr><td>041</td><td></td></tr>
</table>

041 パスワーク
2対2
3段攻撃ラリー

人 数	4人
場 所	フロントコート付近
レベル	初級〜中級

ねらい 2人でパス交換をしながら、相手ペアとラリーを続ける。どこにパスを出せばパートナーが受けやすいか、相手が取りにくいかを実戦に近い形で身につける。

2対2でコートに入り、右図のように動きながらできる限り長くラリーを続ける

3回で相手コートに返す。コートが狭いほどラリーは続けやすいので、コート半分やフロントコートのみにするなど、レベルに応じて限定する。

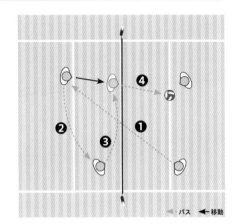

▶ パス　◀ 移動

> **アドバイス！**
>
> 慣れてきたら3本目をフェイントで返す、1本目はアンダーハンド限定でレシーブするなど、条件を変えて行うとスキルアップにつながります。

---

042 パスワーク
3人組
移動パス

人 数	3人
場 所	フルコート
レベル	初級〜上級

ねらい 3人で移動しながらパスを続ける。相手側に正確なパスを出すことだけでなく、相手が移動していく先にボールを出す感覚も身につく。

2人と1人にわかれてパス交換する

2人組のほうからパスを出す。パスを出した選手はボールを追いかけるように、相手側（反対側）に走る。反対側の選手もパスを出したら、同様にボールを追いかけるように反対側へ。このパス交換を繰り返す。

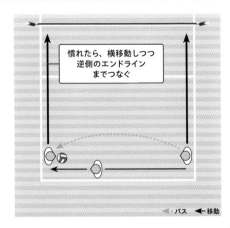

慣れたら、横移動しつつ逆側のエンドラインまでつなぐ

▶ パス　◀ 移動

✔ CHECK!

慣れてきたらエンドライン上で始め、そのまま横移動しながらタイミングよくネットを越えて、ボールを落とさず、つなぎながら逆側のエンドラインまで18 m移動する。パスだけでなく、スパイクからのレシーブなどを行いながら移動するのもよい練習になる。

パスワーク

2個ボール ボックス交差パス

人 数	6人以上
道 具	ボール2個
レベル	中級

ねらい ボックス型の4ヶ所にわかれ、対角線上のグループとパスを交換し合う。ほかの選手とぶつからないように注意する。周辺視野を使い、目を切ってプレーできるようにする。

1 対角線上のグループと パス交換を続ける

2 パスをした選手は対角線上の 相手のグループの一番後ろに 移動する

☑ **CHECK!**

オーバーハンド、アンダーハンドどちらで実施してもよい。相手のグループに移動する際、ほかの選手とぶつからないように動く。パスの正確性はもちろん、周囲の状況を見極める判断力も大切になる。

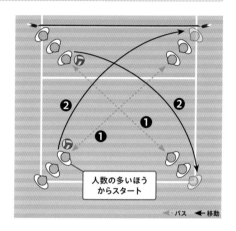

人数の多いほう からスタート

‥‥‥ パス　◀── 移動

パスワーク

3人組 2個ボールパス

人 数	3人
距 離	3〜9m
レベル	中級〜上級

ねらい 3人が2人と1人にわかれ、1人の選手がそれぞれの相手とパスを続ける。同じ高さや強さなど、できるだけ同じ質のパスを出さなければ、タイミングがずれて2個のボールで続けられない。

2人と1人で約3〜9mの間隔でわかれ、 2個のボールでパスを続ける

3〜9m

☑ **CHECK!**

うまく間をコントロールするのがポイント。周辺視野や目を切ることでもう1個のボールの状況をわかっておくと、パスの調整もしやすくなる。そのためには、いかにやわらかく下半身のバネを使って、ていねいにパスを出していくかが大切になる。チーム内のパスの高さを統一する上でも効果的である。このメニューの発展形がメニュー42をボール2個で行う練習になる。その場合、最初に移動する選手以外は、2回連続で同じ選手にパスを出してから反対側へ移動する。

045

パスワーク

壁とお友だち

人　数　1人
場　所　壁がある所
レベル　初級

ねらい　壁に当てて跳ね返ってくるボールを、オーバーハンドパスやアンダーハンドパスで連続して壁に返す。高さや距離などを変えたさまざまなボールを出して、コントロールできるようする。

① 壁から跳ね返ってきたボールをパス

② オーバーハンドパスも行う

アドバイス！

慣れてきたら壁に目印をつけて、そこをねらって続けてみよう。左右や前後にパスを出して、自分で動いて取ったり、オーバーとアンダーを交互に行ったりなど、少しずつ難易度を上げて取り組むとよいです。

---

menu
046

パスワーク（トス）

セッティングからのブロックカバー

人　数　1人
場　所　フルコート
レベル　初級

ねらい　乱れたボールをアタッカーが打てるようにトスを上げる練習。自らさまざまな状況を作り出してから、選択肢が多い攻撃ができるようにトスをする。そのままブロックカバーに入るまでを行う。

自分でコート内にさまざまな状況を作り、そこからねらった位置にセットする

自分で好きなようにボールを投げ上げたり、バウンスボールを出したり、低いボールを出し、そのボールをセットする。ボールの落下点にすばやく移動し、アタッカーがいる想定で打ちやすい位置にトス（セット）を上げるのがポイント。できればセット前に目を切り、上げる先を確認してからボールを上げる。トスを上げたら、すぐにブロックカバーの位置へ移動する。レフト、センター、ライト、どの位置へも正確にトスが出せるようにする。

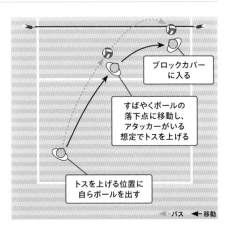

ブロックカバーに入る

すばやくボールの落下点に移動し、アタッカーがいる想定でトスを上げる

トスを上げる位置に自らボールを出す

◀━ パス　◀━ 移動

パスワーク(トス)

ボールを入れてもらってセッティング

人 数	3人
場 所	ハーフコート
レベル	中級

ねらい 自分自身では出しづらいボールを出してもらい、実際の試合で起きそうな状況を作ってからセッティングしていく。ポジションにより異なるシチュエーションを用意して練習する。

① スパイクをレシーバーがディグ※し、もう1人がトスする

さまざまな場所から、または球種で出されたボールやチームメイトがディグしたボールをセットする。コーチが直接ネットに向かってボールを投げて、跳ね返ったボールをセットする、コート外に投げたボールをセットするといった方法も、実戦に近いので効果的。ディグする選手やトスする選手を交代しながら、全員ができるようにする。

② トスを上げた選手はブロックカバーの位置まで移動する

レシーバーも一緒にブロックカバーの位置に移動する、という練習にしてもOK。

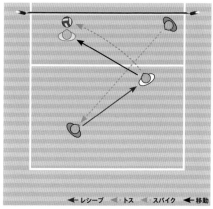

←── レシーブ　←── トス　━━ スパイク　←── 移動

※スパイクなどサーブ以外の攻撃を拾うこと（P26、P80）

COLUMN

練習からブロックカバーの大切さを意識しよう

ブロックカバー（ブロックフォローともいう）とは、味方のスパイクが相手にブロックされることを想定して、それをカバーするプレーのことです。

アタッカーがスパイクを打っても当然ブロックされることもあります。そんなときに、ブロックカバーがしっかりできていれば、アタッカーは強気でスパイクを打つことができるので攻撃の選択肢も多くなります。

スパイクは、ブロックに対して反射角の方向に跳ね返ることが多いの

で、コースを予測してブロックカバーに入れると、ボールを拾える確率が上がります。スパイクしたら終わり、ではなく、一連の動作の中の1つとして、必ずブロックカバーに入るようにしましょう。メニュー46や47は、その動作の必要性を体に覚え込ませるための練習です。

ブロックカバーは、まさに「つなぐプレー」。味方のスパイクがブロックにかかって落下してくるボールを拾い上げることで、次の攻撃につなげられます。

menu
048

パスワーク

連続直上パス

人　数　2人
距　離　4～6m
レベル　中級

ねらい　2人で直上パスを続ける。前後左右にすばやく移動し、相手のいない場所（真上）へパスを正確に出したら、もとの位置に戻る。ボールを正確にコントロールする力が求められる。

2人で4～6m離れ、互いの真ん中で真上にアンダーハンドパスを出してラリーを続ける。パスをしたら下がってもとの位置に戻る

前に移動して、真上にパスを上げたらもとの位置へ

真上に上げたら、バックしてもとの位置へ

✔ CHECK!

前進して真上にアンダーハンドパスをしたら下がってもとの位置に戻る。そのタイミングでもう1人が前進し、落ちてくるボールを真上に上げる。アンダーハンドでできるようになれば、次はオーバーハンドでも実施する。正面ではなく、横を向いて2人が並ぶ場合は、サイドステップで移動しながら、互いの中心にパスを出す。

---

menu
049

パスワーク（トス）

ネット際直上パス

人　数　3人以上
場　所　ネット際
レベル　中級

ねらい　人がいる所に正確なパスを出すことも大事だが、人がいない空間に正確なパスを出すことも、バレーボールにおいては重要な技術。すばやくボールの落下点に入り、正確なパスを出せるようにする。

直上（真上）にパスし、次の選手がそこに入って続ける

✔ CHECK!

ネットから3mほど離れた位置からスタート。すばやくボールの落下点に入り、直上パスを出したらすばやくその場を離れる。セッター用の練習メニューの1つだが、全員が正確なトスを上げる技術を身につけることで、実戦においてセッターにパスが返らない状況でも、ほかの選手がきちんとトスを上げて攻撃につなげられるように練習しておく。

<table>
<tr><td>menu
050</td><td>パスワーク(トス)
ランニングジャンプセット</td><td>人 数　2人以上
場 所　ハーフコート
レベル　初級〜中級</td></tr>
</table>

ねらい 後衛から走ってきてネット付近に上がったボールをジャンプしながらセットする。セッター練習の1つだが、セッターだけでなく、チーム全員で行ってセッティング力を身につけるとよい。

1 ネット付近に上がるボールを後衛から走って落下点に入る

2 ジャンプしながらセットする

後ろから走って、ボールの落下点に入る

後衛からのセットをイメージするために置いたイスを回り込んでセット、という流れを繰り返す

☑ CHECK!

ななめに飛びつくのではなく、しっかりボールの落下点に入り、真上にジャンプしてからセットする。レフトやライト、バックアタックとさまざまな所にセットできるようにする。セットしたい所に目標物（または選手）を置いて、それをねらうとやりやすい。

<table>
<tr><td>menu
051</td><td>パスワーク(トス)
B、C パス連続セット</td><td>人 数　2人以上
場 所　ハーフコート
レベル　上級</td></tr>
</table>

ねらい 味方が常によいパスをセッターに出せるわけではない。そこで、あらゆる状況下で、ねらった所へ正確にセットできるようにする。できるようになればランニングジャンプセットでも行う。

セッターの定位置から半径1〜2m 以内に返ったパス（B パス）、ファーストテンポが使えない（攻撃の選択肢が少ない）状態のパス（C パス）から、①〜④にトスを上げる

☑ CHECK!

右図の①〜④は、あくまで一例。さまざまな所にトスを上げる練習をするとよい。実戦では、セッターの定位置（すべての攻撃ができるセッター定位置へ返ったパス、通称 A パス）ではないからこそ、有効な攻撃もある。だからこそ、乱された状況でも攻撃できる手段を身につけておくのが重要。

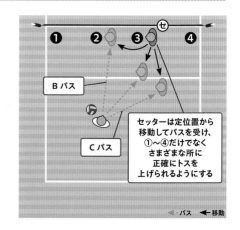

B パス

C パス

セッターは定位置から移動してパスを受け、①〜④だけでなくさまざまな所に正確にトスを上げられるようにする

◀パス ◀移動

62

第 **3** 章

サーブ

サーブは、バレーボールで唯一誰にも邪魔されない攻撃かつ
個人でプレーするスキルです。サービスエースだけでなく、
相手の守備を崩せるように、ねらうコースや場所、打点や軌道、
スピード、変化などを意識したサーブを練習してみましょう。

サーブのポイント

1 再現性を出せるように、
正しいフォームを身につける

2 トスを安定させて、
ヒッティングポイントを確認する

アドバイス！

サーブの種類は、打点の高さでオーバーハンドサーブ、サイドハンドサーブ、アンダーハンドサーブなどにわかれ、ボールの回転によって回転系のドライブサーブ（スピンサーブ）、無回転系のフローターサーブなどにわかれます。上記のサーブの練習はもちろん、体を向けた方向とは、違う所に打つフェイクサーブやジャンプして打つことで、強さと高さを出す練習もしてみましょう。

✔ CHECK!

相手の守備を崩し、そこからブロック、ディグとの連携でいかに守って、切り返して攻撃するかを考えてサーブを打つ。

✔ CHECK!

よいサーブの要素は、コースや変化、スピードなど。体重移動やスイング、胸椎のひねりがボールを飛ばすエネルギーとなるので、練習からいろいろ試してみる。

エンドライン後方から相手コートに打ち込むサーブは、バレーボールで唯一、自分のタイミングで始められるプレーだ。サーブは打ち方によっていくつかの種類があり、ボールがどの方向（コース）に飛ぶか、どんな変化をするか、どれだけのスピードがあるかなどが、よいサーブの要素となる。ボールを飛ばすエネルギーは、体重移動や腕の振り（スイング）、背骨の中央部分である胸椎のひねり（捻転）などで生み出される。

③ ねらったコースに打てるようにコントロールを磨く

④ 実際にレシーバーを置き、効果的なサーブを打てるようにする

✔ CHECK!

サーブの安定にはトスの安定が不可欠。常に同じ所に上げられるようにする。

アドバイス！

サーブは失敗すれば相手の得点になるため、失敗しないことを優先しがち。ですが、ただ入れるだけではかんたんにレシーブされてしまい、自由な攻撃を許してしまいます。初級レベルを打てるようになったら、多少のリスクを背負って、より攻撃的なサーブで、相手の守備を乱すだけでなく、サーブで点を取ることを目標にしましょう。

技術解説（サーブ）

サイドハンドサーブ

> **ねらい** 腕を伸ばして体の横でボールを打つサイドハンドサーブは、肩やひじへの負担が少なく、初心者でも習得しやすい。腰のひねりや体重移動、腕の振りを使って飛距離を出せるようにする。

① ねらうコースを定め、打つ方向に対して体を横にして立つ

☑ **CHECK!** 腰の高さあたりに左手（利き手の逆）でボールを持ち、右手は軽く握る。

② 真上にボールを上げ（トス）、打ちたい方向に左足を踏み出す

打ちたい方向に
つま先を向ける
ように踏み出す

☑ **CHECK!** 右腕を後ろに引き、ボールにタイミングを合わせて前に振り出す。

③ 腰のひねりと前への体重移動を意識しながらボールを打つ

☑ **CHECK!** 上体が前を向いたあたりで、肩よりやや前方でボールをとらえる。

④ 腕を振り切り、体重は前足に乗った状態でフィニッシュ

☑ **CHECK!** 打ち終わったあとは、すぐに自分のポジションに入る。

技術解説（サーブ）

menu 054

オーバーハンドサーブ

ねらい サイドハンドサーブよりも高い位置で打つサーブのこと。サーブのスピードや正確さ、飛ぶコースなどを意識しながら行う。

1 打つ方向を向き、利き手の逆の手でボールを持って構える

✔ CHECK! 打ちたいコースやねらいを定める。

2 真上にトスを上げ、右ひじを高い位置に保って振りかぶる

重心移動

✔ CHECK! 左足を1歩前に踏み出し、後ろ足から前足に体重を移動させる。

3 ボールをよく見て、肩のななめ前あたりでとらえる

手のひらの付け根部分（手根部）または、指の付け根で打つ

✔ CHECK! ひじは軽く曲げたまま、手首を固定し、ボールの中心を手で叩く。

4 打ったあとは、まっすぐ腕を振り下ろす

ボールを押し出すイメージで打ち、相手に手のひらを向けた状態で止めると、不規則に変化するフローターサーブになる

✔ CHECK! 体重は前足に乗せる。打ち終わったあとはすぐに自分のポジションに入る。

menu
055

ジャンプフローターサーブ

> **ねらい** ジャンプフローターサーブは、ジャンプしながらオーバーハンドで打つフローターサーブ。高い位置で打てて、体重をかけられるといった特長を持つサーブなので、ぜひ身につけたい。

1 必要な助走の距離分、エンドラインから距離を取って助走する

> トスを上げてから助走に入ってもOK

☑ **CHECK!** ボールを上げるときは、両手でも片手でもOK。打ちやすいトスを上げる。

2 自分の打点にボールを置くようにトスを軽く上げる

☑ **CHECK!** トスを高く上げすぎると、タイミングを合わせるのが難しくなる。

3 バランスを崩さずにジャンプしてスイングの体勢を作る

☑ **CHECK!** 打点が高いほど、ネットギリギリの直線的な軌道で相手コートをねらえる。

4 手首を返さず、手のひらでボールを押し出すように当てる

☑ **CHECK!** 押し出すように打つとボールは回転せず、不規則な変化をつけられる。

技術解説（サーブ）

ジャンプドライブ（スピン）サーブ

ねらい ▶ サーブの中でも最もスピードと威力を出せる。人と人の間や、サイドライン際をねらえると相手を崩しやすい。ボールの回転により人の正面から逃げていくサーブにすることもできる。

---

① 助走距離を十分に取り、やや前方にトスを上げる

ボールを上げるときは、両手でも片手でもOK

✔ CHECK! エンドラインの位置はあらかじめ把握しておく。

---

② ボールにタイミングを合わせ、しっかり踏み切ってジャンプ

✔ CHECK! エンドラインを踏み越えないように注意する。

---

③ スパイクを打つように空中で上体をひねる

テイクバック（腕を後方に引く動作）を大きくする

✔ CHECK! 高い位置でボールを打てるようにスイングする。

---

④ 肩よりもやや前でボールをとらえ、腕を振り切りながら着地

サーブの勢いを出せるよう、打ったあとはコート内に着地する

✔ CHECK! スパイクを打つように手首を使って強く打ち込む。

技術解説（サーブ）

ハイブリッドサーブ

> **ねらい** これまで紹介したサーブを習得したら、次のステップへ。ジャンプフローターサーブを打つと見せかけてジャンプドライブサーブを打つ（逆パターンもあり）など、相手の裏をかいてレシーブを乱す。

① 相手にできるだけ サーブを予測させない

② 打つ直前にドライブか フローターかを選択する

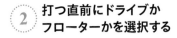
フローターで行こう！

✓ **CHECK!**

単独のサーブ練習でもレシーバーが入った状況のサーブ練習でも、ヒットする瞬間までどのようなサーブを打つか、相手にわからせないように意識する。ショートサーブ（アタックラインより前に落ちるサーブ）をねらう場合も同様。

サーブの基礎

サイドステップからの スローイング

人 数	1人
場 所	どこでも
レベル	初級

> **ねらい** サイドハンドサーブの導入で、ステップと体の動きを理解し、力をボールに伝えていく動きを作る。利き手側の体の横でボールを持ち、サイドステップをしてから2歩目でボールを遠くに投げる。

① ボールを持ち、 ネットに対して 横を向く

横を向いてから足を踏み出す

② ネット方向にサイド ステップで進む

③ 股関節のひねりを 意識して、遠くに 投げる

つま先は打つ方向に向ける

menu
059

サーブの基礎

立ちひざサイドハンドサーブ

人　数	1人
場　所	エンドライン
レベル	初級

ねらい　片ひざ立ちの体勢でトスをして体の横でボールを打つ。初心者でもタイミングが合えばサーブを入れることができる。イスに浅く座り、立ち上がりながら打つやり方でも体の動きが覚えられる。

1 利き手と逆の手で
ボールを持ち、
片ひざ立ちで構える

2 トスを上げて立てた
ひざの上で打つ

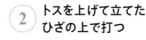

腕を振り
抜いて
ボールを
飛ばす

アドバイス！

1 のときから、片ひざを立てたほうのつま先が、サーブの進行方向に向くように足を踏み出しておくと、腰のひねりがより使えるようになります。その際は、ひざとつま先がサーブ方向を向くように行ってみましょう。

---

menu
060

サーブの基礎

トス安定ドリル

人　数	1人
道　具	子ども用フラフープなど
レベル	初級

ねらい　あらゆるサーブで最も大切なのは、トスを安定させること。足を踏み出してヒットする位置の下に目印になるタオルやフラフープを置いて、そこにボールが落ちるようにトスを上げる。

1 サーブを打つときの
構えを作る

2 目印にボールが落ちる
ようにトスを上げる

振りかぶった
手は
ボールを打つ
直前で止める

✔ CHECK!

腕の力でトスをするのが難しければ、最初はひざの上下動の力を使ってトスをする。自分の思った所に上げ、助走から毎回同じように腕を振り切れるトスを上げ続けられるようにする。

061

サーブの基礎

ヒッティングポイント
確認ドリル

人 数	1人
道 具	タオル
レベル	初級

ねらい サーブで一番打ちやすい、力の入る位置を確認する。ボールをタオルで包んで片手で持てるようにし、自分がヒットしたい位置で止めて打つ。スパイクのヒッティングポイントも確認できる。

1 タオルで包んだ
ボールを左手で持つ

2 最も打ちやすい
打点でヒットする

3 常に同じ位置で
打てるように意識する

打つ所を
定めてしっかり見る

062

サーブの基礎

ラインタオル投げ

人 数	1人
道 具	ミニタオル
レベル	初級

ねらい オーバーハンドサーブで、腕をまっすぐ引き、まっすぐ打つ動きを身につける。パワーが出せず、股関節の力を借りようとして腕が横振りになってしまうのを防ぐねらいがある。

1 ラインに沿って
片ひざ立ちになる

2 ラインに沿って
タオルを投げる

正しい
サーブの
姿勢を
意識する

☑ CHECK!

ライン上に利き手側のひざがくるように片ひざで立ち、立てたほうの足のつま先はまっすぐ前に向ける。丸めたタオルを前に投げ、投げ終わったあとに手のひらが相手側を向くようにする。

| menu **063** | サーブの基礎 **ラインサーブ** | 人 数　1人
場 所　ライン上
レベル　初級 |

1 利き手側の足でライン を踏み、トスを上げる

2 左足を踏み込み、 体重移動しながら打つ

踏み込んだ
ほうに
体重移動
する

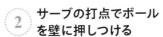

✔ CHECK!

オーバーハンドサーブは股関節の力を使いづらいので力が必要になる。体が横にブレないようにトスを安定させ、打ったあとに止まる。

| menu **064** | サーブの基礎 **壁挟みサーブ** | 人 数　1人
場 所　壁がある所
レベル　初級 |

ねらい　壁のすぐ前に立ち、オーバーハンドサーブのイメージでボールを壁に押しつける。手と壁でボールを挟むことで、ヒットポイントを確認しながら、サーブ時の体の入れ替え動作とヒットの感覚をつかむ。

1 利き手と逆の手で ボールを壁に押しつける

押しつける
ほうの手は
しっかり伸ばす

2 サーブの打点でボール を壁に押しつける

ボールが
落ちないよう
すばやく腕を振る

✔ CHECK!

1 は、利き手のヒットポイントよりも高い位置にボールを押しつける。利き手とは逆の手でボールを離した瞬間に、利き手をスイングして壁にボールを押しつける。

サーブ

方向コントロールサーブ

人数	2人
道具	ゴム紐など
レベル	初級

ねらい 踏み込むほうの足にゴムをつけて、パートナーが引っ張るゴムの方向にオーバーハンドサーブを打つ。よいサーブの要素であるコースをねらって打てるようにする練習。

1 踏み込むほうの足に結んだゴムを引っ張ってもらう

2 引っ張られた方向につま先を向けてサーブを打つ

ゴムが引っ張られている方向に向く

✔ CHECK!

打ったあとは手のひらをその方向に向ける。パートナーは足先や手のひらの向きをチェックする。いろいろな方向に誘導してみるとよい。

サーブ

目隠しサーブ

人数	1人
道具	タオルなど
レベル	中級

ねらい サーブは一定の所にトスを上げ、一定のスイングができていればミスは少なくなる。目隠しをしてサーブを打つことで、トスの高さやタイミング、位置の感覚を身につける。

1 タオルなどで目隠しをする

2 トスやフォームを意識して打つ

アドバイス！

スイング、手首の角度、重心移動、姿勢、トスの安定性など、さまざまなポイントを仲間同士で確認してみよう。腕が下がるとバックスピンがかかってしまうので、その点も注意してチェックしましょう。

menu	サーブ	人数	1人

067 ワンレグジャンプ フローターサーブ

人 数	1人
道 具	棒、テニスボールなど
レベル	初級

ねらい 片足によるジャンプフローターサーブの助走とサーブの練習。ステップができるようになったら、タオル投げやボール投げなどでスイングの動きを付け加え、最後に実際に打つまでの動きを学ぶ。

1 目印に沿って右足を 45度で踏み込む

角度をつけて入ることで、上体のひねりを作りやすい。また、④のときに、ボールを前でとらえやすくなる

45度

✔ CHECK! タオルや棒などの目印は、ネットに向かって右45度の角度に置く。

2 上体を起こしたまま、 左足でジャンプする

✔ CHECK! 1、2のリズムで、片足（左足）45度で入り、正面（ネット方向）を向いて両足で着地。

3 ①②の動きからジャンプし、 空中でボールを投げる

ボールをネットに向かって投げる

✔ CHECK! 1、2のリズムで、2のときに空中で一瞬止まるイメージで、3で投げる。

4 片足によるジャンプフローター サーブを実際に打つ

この動きを身につけると、メニュー122のワンレグスパイクの習得にもつながる

✔ CHECK! 難しければ、助走、トス、ジャンプ、スイングなど、わけて練習するとよい。

サーブ

ネット上のターゲットをねらう

人 数	1人
道 具	ゴム紐、プールスティックなど
レベル	中級

ねらい サーブをねらった方向にきちんと打てるようにする。ターゲットはゴム紐などでネット上に作っておきたいが、相手コートのエンドライン付近にボールを置き、それをねらってもいい。

ネット上にあるターゲットの間をねらってサーブを打つ

ここの間をねらう

奥の目標物に当たるとさらによい

✔ CHECK!

ネット上の通過点を限定すると、低い弾道のサーブが打てるようになる。難しい場合は、アタックラインから打ち始め、徐々に後ろに下がっていく。やみくもに打たず、少ない本数や時間で集中して行い、コントロール力を磨く。

サーブ

9分割サーブ

人 数	1人
場 所	フルコート
レベル	中級

ねらい 相手コートを9分割し、自分が打ちたい所、あるいは指示された所をねらって打てるようにする。強いサーブだけでなく、前衛へのショートサーブも打てるようになることを目指す。

サーブで、9分割したコートのそれぞれのコースをねらって打つ

アドバイス!

自分がねらう場所を宣言して打つ、または指示された所に的確に打てるようにしよう。決まった場所からではなく、さまざまな場所からでもねらえるのが理想です。強く速いサーブだけでなく、ショートサーブも正確に打てるようになるとさらによいです。

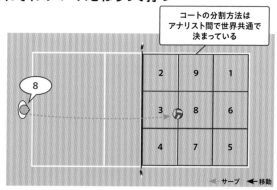

コートの分割方法はアナリスト間で世界共通で決まっている

2	9	1
3	8	6
4	7	5

8

◀ サーブ ◀ 移動

menu 070　サーブ

コート上のターゲットをねらう

人　数　1人
道　具　コーンなど
レベル　中級

> **ねらい**　コート内にコーンやマットなど相手選手の代わりになる物を設置し、人と人や、人とサイドラインの間をねらえるようなサーブのコントロールを磨く。緊張感を高めた中で行うと、より効果的だ。

ターゲットをピンポイントで、あるいはその間をねらって打つ

アドバイス！

試合では、特定の選手をピンポイントでねらったり、選手と選手の間、選手とサイドラインの間をねらったりします。そういう場面をイメージしながら行いましょう。グループにわかれて点数勝負をすると、ゲーム感覚で楽しめます。

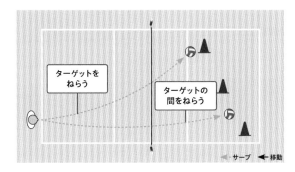

---

menu 071　サーブ

打点 & 通過点コントロール

人　数　5人
道　具　ゴム紐など
レベル　上級

> **ねらい**　3本のゴム紐を張り、その間をねらってサーブを打つ。高い打点から打ちおろすようにまっすぐ打ち、高い打点からそのまま落ちていくようなサーブを目指す。

打点が高く、
通過点が低いサーブを打てるようにする

このゴム紐の上を通し、奥の2本の下を通す

✔ CHECK！

エンドラインから3m手前の位置にゴム紐を1本、アタックラインの上に1本、ネット上に1本ゴム紐を貼る。写真のように人が持つのではなく、ゴム紐を壁などに設置できるとやりやすい。一番手前のゴム紐の上をボールが通過し、その後ろ2本のゴム紐の下を通すように、高い打点かつ通過点の低いサーブを打つ。自然に打力が必要になり、サーブスピードも上がる。

サーブ

サーブ vs サーブレシーブ

人　数	2人以上
場　所	フルコート
レベル	初級〜中級

ねらい 相手コートに入ったレシーバーとサーブで勝負する。1人のレシーバーに対してサーブを打つ所から始める。徐々にレシーバーの数を増やし、実際の試合に近い状況を作って行う。

試合中の状況を想定し、相手レシーバーと勝負する

1対1から始め、相手コートの人数を3人、4人と増やして、実際のサーブレシーブの形に入ってもらう。レシーバーがセッターに返せなかったらサーバーの勝ちとするなど、緊張感のある中でも、ねらった所にコントロールして打てるようにする。

アドバイス！ サービスエースなら3点、Dパスなら2点、Cパスなら1点、サーブミスなら-3点など、点数をつけて勝負してもおもしろいです。

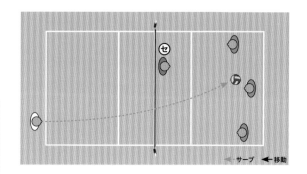

← サーブ　◀ 移動

COLUMN

相手を崩すためのサーブを意識しよう

　サーブは、もちろんサービスエースをねらえるのがいいです。相手に拾われたとしても、相手の守備を崩し、攻撃しにくいサーブを打つ、つまり自分たちのブロックやディグとの連携で相手の攻撃をしぼりやすくするサーブであることも大切です。

　サーブを上達させたいなら、まずはレシーバーから遠い所や人と人の間、人とサイドラインの間、ネットを越えたギリギリの所をねらえるように練習しましょう。試合で

は、セッターが走って出てくる所をねらう、レシーブが苦手な選手をねらう攻撃力のある選手をねらう、セッターが上げ辛い場所をねらうといったサーブも効果的です。

　相手に心理的なプレッシャーをかけるサーブというのもあります。前にミスした選手や交代で入った選手など、「今、この選手がミスしたら相手チームのリズムを崩せる」など、試合の雰囲気や流れを読みながら、意図を持ったサーブを打てるようになるのが理想です。

第 4 章

レシーブ

攻撃の起点となるレシーブ。パスと同様、しっかり身につけると
自分たちの攻撃・得点チャンスが大きく広がります。
基礎だけでなく、レシーブしたあとの動きも、本章を通じて学んでいきましょう。

menu 073

ディグのポイント

1 理想は相手が打ってくるコースに
先に入っていること

2 最短＆最速で腕の面を作り、
角度でボールをコントロールする

✔ CHECK!

ネットから遠いほど腕で作る面は
前を向く。ネットに近づくと、ボー
ルを自陣コート上に上げる必要
から、面が上を向く形になる。

✔ CHECK!

ボールが腕に当たったあとに無
理やり返したい方向に持ってい
こうとするのではなく、触る前に
腕の角度を決めておく。

✘ これはNG

ひざが伸び切ったディグはNG。
ボールをとらえるのは基本的に
腕だが、足（股関節）を使っ
て、ボールに体をよせて下半身
を安定させて、ボールを迎える。

3 味方ブロッカーと連携して相手の攻撃を限定する

4 諦めずにボールを追うことでチャンスを作れる

✓ **CHECK!**

相手のスパイク以外にも、フェイントやプッシュ、味方の攻撃の際のブロックカバーでもすばやく対応する必要がある。

アドバイス！

ボールの大きさや重さには規定があり、中学生は4号球（直径20cm、重さ240〜260ｇ）、高校生以上は5号球（直径21cm、260〜280ｇ）を使用します。4号球は腕

にそこまで負荷がかかりませんが、5号球になると、相手スパイクの威力も出てくることで、腕、体への負担が大きくなります。4号球を使うとき以上に体の前でボールを捌く必要が生じるので、ボールにより腰を近づけて、自分の腕を視野に入れながら、体の前でボールをコントロールできるようにしましょう。

ステップ

移動ステップ

人　数　2人
場　所　どこでも
レベル　初級

> **ねらい**　距離や方向、状況によって、サイドステップ、クロスオーバーステップ、走る、を使いわける。いかに早くボール落下点まで移動するかが重要になる。

1 レシーブする位置まで最短、最速で移動

2 横の近い距離はサイドステップで

3 重心を下げて、股関節でボールの勢いを受け止める

腕の面がボールで
押されたときに、
その力を
お尻の下側で
感じられるとよい

ステップ

スプリットステップ

人　数　2人
場　所　どこでも
レベル　初級

> **ねらい**　相手が打ってくる瞬間に小さくジャンプするスプリットステップを入れると、反応しやすくなる。ヒットの瞬間にタイミングを合わせて、上に跳ぶのではなく、両足を左右に開くイメージで行う。

1 相手が打ってくる瞬間に小さくジャンプする

軽く
ジャンプする

☑ CHECK!　空中にいる一瞬の間に状況判断し、左右に足を開いてレシーブの構えを作る。

2 空中で動きやすい体勢になりながら、床に足をついてレシーブする

☑ CHECK!　自分が一番ボールをコントロールしやすい姿勢でボールを拾えるようにする。

レシーブの陣形戦術

イニシャルポジションから
ディフェンスフォーメーション

> **ねらい** レシーブのポジショニングは、チームでどのような守備体系を取るかによって、スタート位置（イニシャルポジション）が変わる。守備体系を決めた上で、相手のさまざまな攻撃を拾えるようにする。

1 相手のツーアタックや速攻に対して、自分たちが守りやすい陣形を取る

2 速攻が来たときに対応しやすい準備をしておく

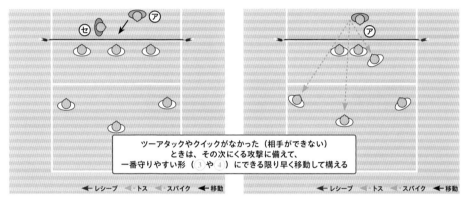

ツーアタックやクイックがなかった（相手ができない）ときは、その次にくる攻撃に備えて、一番守りやすい形（ 3 や 4 ）にできる限り早く移動して構える

◀ レシーブ　◀ トス　◀ スパイク　◀ 移動

✔ CHECK! まずはツーアタックやクイックといった攻撃をケアする形に。

✔ CHECK! レベルや状況により、役割分担を決めて対応する方法もある。

3 ブロック（⑦）でコースをしぼり、抜けたコースをディグで対応できるよう連携する

4 ブロックがそろわない場合は、2枚のブロックの間にレシーバーが入ってディグで対応 ※一例

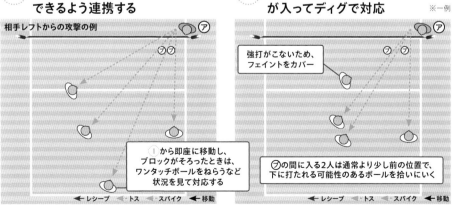

相手レフトからの攻撃の例

1 から即座に移動し、ブロックがそろったときは、ワンタッチボールをねらうなど状況を見て対応する

強打がこないため、フェイントをカバー

⑦の間に入る2人は通常より少し前の位置で、下に打たれる可能性のあるボールを拾いにいく

◀ レシーブ　◀ トス　◀ スパイク　◀ 移動

✔ CHECK! 相手が打ってくる前にポジショニングし、止まって反応できるようにする。

✔ CHECK! 1 から 4 に移るなど、状況によってどうチームとして動くかを決めておく。

レシーブの基礎

サイドシフトキャッチ

人 数	2人
場 所	どこでも
レベル	初級

ねらい 股関節でボールを受ける感覚とディグの姿勢を身につける。左右に投げられたボールを両足を動かさず、重心移動で体を動かしてキャッチする。つま先とひざの方向を合わせるのが重要。

1 両足を肩幅の約1.5〜2倍に開き、足裏全体を床につける

2 ボールに腰をよせるように重心移動し、ボールをキャッチ

背中の角度を変えずに動く

重心移動

✔ **CHECK!**

少しひざを曲げ、両肩と股関節を平行移動させるイメージ。視線は前を向いたままで。少し体の外にボールが来たときは、ボールが来たほうの足の上にお尻を乗せるようにしてキャッチする。

ディグの基礎

キーパー練習

人 数	2人
道 具	壁のある所
レベル	初級

ねらい 初級者はレシーブで、腕を組むことを優先してしまいがち。その癖を改め、腕がとっさに出るようにするために、サッカーのゴールキーパーのイメージで投げられたボールに反応して触りにいく。

1 1人が壁をねらってボールを投げる

2 壁に当てられないように阻止する

✔ **CHECK!**

最短、最速で腕を出し、とにかくボールに触りにいく。2人の距離が近いほど難しいので、レベルに応じて調整する。慣れてきたらパートナーは自分でトスを上げて（自トス）からスパイクを打つ。

ディグの基礎

当て感ディグ

人　数　2人
場　所　どこでも
レベル　初級

> **ねらい**　左右に投げられたボールを、その位置でまっすぐひじを出して片手で上げる。どの角度で腕を出せ
> ばどこに上がるかを知り、片手でもボールをコントロールできるようにする。

① 投げられたボールを片手で上げる

② 近い距離でスパイクしてもらったボールを上げる

1.5 m

✓ CHECK!

6mぐらいの距離で始め、左右の片手や両手、どの高さでも安定して上げられるようになったら、少しずつ距離を縮める。最終的には1.5〜2mの距離でディグの当てる感覚を覚える。距離が近くて怖い場合は、目を瞑って、面の形だけ作って待ち、ボールを当ててもらうでもOK。

ディグの基礎

ターゲットディグ

人　数　2人
道　具　フラフープ、タオルなど
レベル　初級

> **ねらい**　ねらった場所に落とせるようなディグのコントロール力を磨く。試合中ネット際にセッターがいない状況や、ボールの角度を変えないと自陣のコートに収まらないという状況で役立つ。

① フラフープやタオルなどを置いて目標物とする

② 目標物に落とせるようにディグをコントロールする

アドバイス！

ボールを出す側もさまざまな所から出します。目標物も1ヶ所だけではなく、いろいろな場所に置いて、そこに正確にボールを落とせるよう、コントロールを磨いていきましょう。

ディグの基礎

1、2、3ディグ

人　数　3人以上

距　離　6m

レベル　初級

ねらい 1人が投げる（打つ）ボールを複数人のレシーバーが1球ずつ順番に返球する。ボールを出す側は、レシーバーが左右どちらかの重心を乗せた所、次に1歩先、2歩先へと遠くに出す。

① 重心は左右均等に。
すぐに動き出せる体勢で構える

② 片足に重心を乗せた所で
ボールを返す

スプリットステップを
入れて、タイミングを図る

左足に
重心を
乗せる

✔ CHECK! 球出しは6mほど離れた位置から行う。足元にマーカーを置くと目安になる。

✔ CHECK! まずは左から、次に右というようにあらかじめ決めた側で行う。

③ 1歩踏み出して、
片足に重心を乗せた所で返す

④ さらに遠くに来たボールを
2歩動いて重心移動して返す

マーカー
から足を
1歩外へ

足幅よりも外に
来た場合は、
ディグのあと、
体を床に投げ
出して滑る

足幅を保つため、
外に開いた分、
反対の足をよせる

足を2歩外へ

✔ CHECK! スタートは①の姿勢から。動いて取るという流れを意識する。

✔ CHECK! 胸側を床につけるような形で滑り込んでボールを拾うと、ボールを後ろに逃しにくい。

menu
082

ディグの基礎

すくい上げからの回転レシーブ

人　数　1人
場　所　どこでも
レベル　初級

ねらい　飛び込んでレシーブしたあと、その勢いを利用してすばやく立ち上がる回転レシーブの動きをマスターする。恐怖心を取り除くために、最初はボールを使わず、マットを敷いて行ってもよい。

1 レシーブの構えになり、足のななめ前にボールを置く

✔ CHECK!　左右どちらでも同じように回転できるようにする。

2 ボールの下に手を入れてすくい上げる

✔ CHECK!　すくい上げると同時に体がボールの下に入っていくイメージで行う。

3 左側の腰や肩を、同時に床につけて横回りに回る

✔ CHECK!　床に触れる部分をほぼ同時に接地させて回る。

4 1回転したら手をついてすばやく起き上がる

✔ CHECK!　回り切ったら立ち上がり、すぐに次のプレーに備える。

menu 083	スプロール

人　数	2人
場　所	どこでも
レベル	初級〜中級

ねらい　スプロールとは、自分が前に倒れ込んだギリギリにくるボールを、腕から飛び込み、ボールの下に体を滑り込ませてディグするスキルのこと。まずは目線を低く、ひざをついた状態から行う。

① 両ひざを床について レシーブの構えを作る

✔ CHECK!

ボールを出す選手は、レシーバーが倒れ込んだときに、ギリギリボールに触れられる距離にまっすぐ（浮かさない）出す。

② 投げられたボールを 前に倒れ込んで上げる

✔ CHECK!

しっかり面を作って上にボールを上げる。逆回転をかけるようにボールの下に腕を滑り込ませてレシーブする。

③ 腕を伸ばして滑り込む。 レシーブ姿勢からも行う

✔ CHECK!

実戦では、ひざをつかない（立った）姿勢でディグをするので、それを想定して行う。また、正面だけでなく、左右へボールを出してもらう練習も行う。

手とひじが同時に着地するイメージで、力を分散して体を床に投げ出す

アドバイス！

最初はひじのサポーターがあると安心です。サポーターがなく、恐怖心がある場合は、タオルを両手（手首から先）に巻いた状態から床にタオルを擦るように滑り、低くまっすぐ滑り込む基本のフォームを覚えるとよいです。床に手をついてひじを突っ張ると、肩をケガしやすくなるので、注意しましょう。1歩前に片足を踏み出してスプロールする場合は、片ひざをつくようにしながらボールの下に腕を滑り込ませるとよいです。

レシーブの基礎

スライディングレシーブの
パンケーキ

人　数　2人
場　所　どこでも
レベル　初級〜中級

ねらい ▷ 実戦では、両手どころか片手で触るのも難しい場面が多々ある。そんなときには、手のひらをボールの下に滑り込ませてレシーブするパンケーキという技術が役立つ。

1 片手を伸ばすようにして
ボールに飛び込む

✓ CHECK!

ボールに近いほうの片手をできるだけ伸ばす。反対側の手で軽く体を支える。左右両方練習するとよい。

2 手のひらをまっすぐボール
の下に滑り込ませる

✓ CHECK!

飛ばしたい方向に手首を向けられるとベスト。

手のひらは、
しっかり床につけて滑らせる

3 ボールが上がったことを
チームメイトに伝える

✓ CHECK!

次にボールをつなぐチームメイトたちは、先回りして上がったボールをどのように対処するか準備しておく。

上がったぞ！

▷■ 監督の心得 ✎

選手それぞれの技術を改善していく上で欠かせないのが、選手たちが自らの体を思うようにコントロールできているかどうか。そのためにも監督や指導者は、ボールの行方を追うのではなく、ボールをコントロールする選手の動きに注目できるとよいです。どのようにボールタッチをすると、どのようにボールが飛ぶのかを把握し、選手がねらったコントロールができるよう、必要な体の改善（第1章のコーディネーションや第8章のボディコントロール）に取り組みましょう。

レシーブの基礎

バランスボール
フライングレシーブ

人 数　1人
道 具　バランスボール
レベル　初級

ねらい　バランスボールを転がしながら体重移動でボールの上を滑っていき、フライングレシーブの動きをマスターする。腕、胸の順で床につく。慣れてきたら助走をつけてバランスボールに飛び込む。

1　両手をレシーブの形に組み、胸をボールに近づける

✔ CHECK!

バランスボールから2～3歩ほど距離を取り、腕からボールに乗るようなイメージで行う。

2　ボールを前に転がしながら体を前に滑らせる

✔ CHECK!

バランスボールの真ん中よりも向こう側に飛び込むようなイメージで、ボールの上に体を滑らせていく。

3　腕、胸、お腹の順で床についていく

✔ CHECK!

慣れてきたら、実際にボールを投げてもらう。バランスボールを使いながら、飛び込んでレシーブしていく感覚を覚える。

アドバイス！

最初は、バランスボールの近くからボールの向こう側に飛び込むイメージで始めてみましょう。慣れてきたら、少しずつ助走をつけて、ボールより遠くへ飛んでいくイメージで行うとよいです。この感覚を身につけることができれば、バランスボールがなくてもボールを拾うために床に飛び込めるようになります。高い位置で飛び込んでレシーブした場合は、床に手をつき、ひじを曲げて勢いを逃しながら胸で滑るようにしましょう。

| menu **086** | レシーブの基礎
**ボール飛び越え
フライングレシーブ** | 人 数　1人
場 所　どこでも
レベル　中級 |

ねらい ▶ メニュー85で飛び込む感覚が身についたら、床に置いた通常のボールを同じような動きのイメージで飛び越える。まずは両手をついて滑り、慣れてきたら片手をついて滑れるようにする。

① 低い姿勢でボールに近づき、片足で踏み切る

✔ CHECK!

レシーブの構えのまま進み、片足で軽く前にジャンプする。

② ボールの上を越えたら、両手から床につける

✔ CHECK!

床から近い所でレシーブした場合は、腕を伸ばしたまま滑り込む。高さがある場合は、手のひらを床につけたら、ひじを曲げて力を逃しながら滑り込む。

③ 胸、お腹の順で床につく

✔ CHECK!

両手をついて滑る場合は、腕で床を後ろに押すようにすると、胸から床についてスムーズに滑りやすくなる。

▶━ 監督の心得 ✎

　フライングレシーブが怖いと思う選手は、腰が高い位置にある姿勢からそのまま飛び込もうとしているケースが多いです。メニュー83の練習からスタートし、徐々にレシーブの構えに近づけつつ、助走をつけて遠くのボールに対して滑り込んでいけるように、ステップアップするとよいでしょう。その際に重要なのが、球出しの方法。選手が届くギリギリの所に、まっすぐボールを投げる（打つ）ように出してあげましょう。

レシーブの基礎

フライングレシーブ

人　数	2人
場　所	どこでも
レベル	中級

> **ねらい**　メニュー86でフライングの動きを覚えたら、投げてもらったボールに飛び込み、レシーブする。すばやくボールの落下点を見極めることがポイント。あごを上げて床で打たないように注意。

① ボールの落下点をすばやく見極める

✔ CHECK!

低い姿勢で構える。目線をできる限り床に近づけて、レシーブの準備をする。

② 最短、最速でボールの落下点に近づく

✔ CHECK!

作った面がボールの落下点と合うように滑り込む。

選手が届くギリギリの所にボールを出す

できる限り我慢して、上体が床に近づいてから前方向に床を蹴る

③ 腕、胸、お腹の順で床につく

✔ CHECK!

床ギリギリのボールは、写真のように腕を床に滑り込ませつつ胸をつける。少し高い位置から飛び込むときは、メニュー84の ② のように片手または両手で体を支えて滑る。

アドバイス！

パンケーキ（メニュー84）やフライングレシーブは、ギリギリのボールを拾うため、その分、コントロールが難しくなることがあります。だからこそ、実戦ではそのあとのチームメイトの動きが重要です。せっかくつながったボールですから、きちんと次につながるよう備えておきましょう。

オーバーハンドのレシーブ

オーバーハンドディグ &
サーブレシーブ

人　数	2人
距　離	6〜9m
レベル	中級

ねらい オーバーハンドディグとオーバーハンドで行うサーブレシーブは、ボールの勢いに負けないことが大切。手首を固めて、ボールを後ろに逸らさないようにする。

6mほど離れた距離から強めに打たれたボールをオーバーハンドでレシーブする

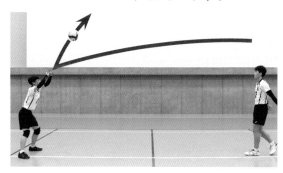

✔ CHECK!

レシーブする位置が顔に近いほど、ひじが曲がって強さに耐えるのが難しくなるため、額からボール1個分離れた位置を目安にレシーブする。横に来たボールは、腕だけで取りにいこうとすると、ボールの勢いに負けやすいので、ステップでボールに近づきつつ、額もボールに近づけてレシーブする。

レシーブ

2人組対人レシーブ
(ペッパー)

人　数	2人
距　離	6〜9m
レベル	初級〜上級

ねらい 2人組で向き合い、1人がスパイクを打って相手がレシーブで返すなどして続ける。オーバーハンドでレシーブしたり、フェイントを入れたり、さまざまなねらい（課題）に対して活用できる練習である。

一例：Aがスパイクを打ち、Bがレシーブしたら、次はAがトスを上げて、BがAにスパイクを打つ

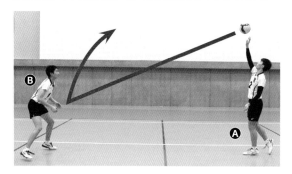

✔ CHECK!

スパイクを打つ選手は、相手のトスのボールの落下点を見極め、できる限り自分が強く打てる位置に移動して打つ。2人の距離を変えたり、レシーバーを1歩横にずらすようにスパイクを打ったり、さまざまなバリエーションで行う。スプリットステップのタイミングを意識したり、スプロールやパンケーキを使うボールを出したりと、身につけたスキルを生かすように取り組むと、成果がわかりやすい。

レシーブ

3人組連携ディフェンス

人　数　3人
場　所　どこでも
レベル　中級

> **ねらい**　ディグは味方のブロッカーと連携を図ることが重要。ブロックのあるなしにより、構え方やポジショニングを変えてレシーブする。コート内のレシーバーを増やして行うのも効果的だ。

1 3人でそれぞれがアタッカー、ブロッカー、レシーバーになる

2 アタッカーは、ブロッカーの正面から左右に少しずれた位置に足を踏み出して、ブロッカーの脇からスパイクを打つ

3 レシーバーは、スパイクが打たれる前に、ブロッカーと重ならない位置に移動し、しっかり止まってからレシーブする

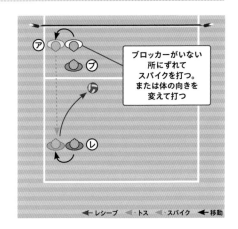

> ブロッカーがいない所にずれてスパイクを打つ。または体の向きを変えて打つ

◀ レシーブ　◀ トス　◀ スパイク　◀ 移動

レシーブ

連続振り向き交互ディグ

人　数　3人
場　所　どこでも
レベル　中級

> **ねらい**　3人組で両サイドの選手が交互に打つスパイクを、真ん中の選手がその都度振り向きながらディグで返す。意図やねらいによって距離を変える。両サイドの選手は二段トスの練習にもなる。

1 3人が一列に並び、AのスパイクをCがディグで返す。AはBにトスを上げる

2 トスが上がっている間にCはAに近寄ってBのほうへ振り向く。Bがスパイクを打ち、Cはディグで返す。BはAにトス

CがB（またはA）のスパイクをディグしやすい距離を把握して動くのが重要。①と②の動きを繰り返すことで、スパイクをディグしやすい距離感をつかめるようになる。

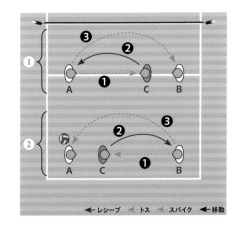

◀ レシーブ　◀ トス　◀ スパイク　◀ 移動

レシーブ

ブロック脇ディグ

人　数　8人以上
場　所　フルコート
レベル　上級

<table>
<tr><td>ねらい</td><td>ブロック脇のコースに入るポジショニングの習得とディグ、そこからのセッティング技術を身につける。アタッカーはブロック脇のねらったコースに打つ練習にもなる。</td></tr>
</table>

1 ブロック板※を持つ選手を含めて、4対4でコートに入り、相手アタッカーが打ってくるスパイクをディグ。別の選手がトスを上げ、アタッカーがスパイクを打つ

ブロックは固定して動かない状況を作る。相手のトスが上がったときにどのポジションにいるのが最適かを瞬時に判断し、正しいコースに入る。ディグを上げる位置も決めておく。

2 相手側のコートでもディグ、トス、スパイクを続け、同じ流れを繰り返す

図はレフト側からの攻撃になっているが、ライト側からも同様に実施したい。時計回りに（②→①→③→⑤→④→⑥）にポジションを移動しながら行う。選手数が多い場合は、各ポジションの後ろに並び、先頭の選手がボールに触ったら、次に並んでいる選手と交代する。先頭にいた人はコートの外を回って、ボールの流れに沿って次のポジションへ移動する（スパイクを打った人が次は反対コートのレシーブを上げる所に入る）。

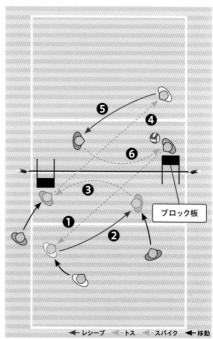

← レシーブ　← トス　← スパイク　← 移動

※スポンジやネットなどを板のようにしたブロック練習用の道具

アドバイス！

レシーバーが後衛レフトの位置だけでなく、もう1人後衛センターに入れて、どちらかディグした人がアタックのポジションに移動する、または前衛レフトの選手もディグ※に加わるという発展形の練習にも取り組みましょう。そのほか、ブロッカーを2枚（2人）にするといった工夫をしたり、リバウンド（メニュー127）を一度取ってから下がってスパイクを打ったりと、実戦で起こりうるさまざまな課題を考えて取り組んでみましょう。

※前衛レフトの選手はディグしても交代せず、スパイクを打ったら交代。

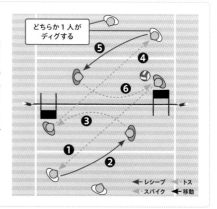

どちらか1人がディグする

← レシーブ　← トス
← スパイク　← 移動

レシーブ

4方向連続ディグ

人 数	5人
場 所	ハーフコート
レベル	中級

ねらい いろいろな場所から攻撃をしかけてくる相手に対して、すばやくアタッカーのほうに体を向けてディグを行う練習。できる限りテンポよく実施し、瞬時にステップで距離を調整してディグする。

1 ボールを持った選手はコートの4隅にわかれて入り、中央にレシーバーが入る

2 1人がスパイクを打ち、中央の選手はディグで返す

3 スパイクを打った対角の選手は方向を指差して次の球出しを指定する

指を指された選手は、次は自分が打つということを声に出して、レシーバーに知らせる。レシーバーは声に反応して、すばやく打たれる方向に構える。10本連続でスパイクをディグする。

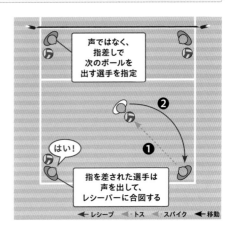

声ではなく、指差しで次のボールを出す選手を指定

はい!

指を差された選手は声を出して、レシーバーに合図する

← レシーブ　← トス　← スパイク　← 移動

レシーブ

タッチバックディグ

人 数	3人
場 所	ハーフコート
レベル	中級

ねらい ディグは、相手の速いテンポの攻撃から対応していく必要がある。この練習では、相手の速攻の攻撃がなくなったことを判断したあとのレシーバーの動き方を身につける。

1 ネット中央の選手が最初にレシーバーにボールを投げる。そのボールを触る、またはディグする

2 触った瞬間に、ストレートにくるスパイクをディグする位置に移動

すぐに下がるのがポイント。そのあとサイドから打たれるストレートのスパイクをディグする。

アドバイス! クイック、サイド、クイック…と交互にテンポの違うスパイクを打ってもらうと、ステップを意識できる練習になります。

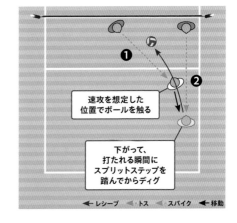

速攻を想定した位置でボールを触る

下がって、打たれる瞬間にスプリットステップを踏んでからディグ

← レシーブ　← トス　← スパイク　← 移動

レシーブ

ディグ & セット

人　数　6人以上
場　所　ハーフコート
レベル　初級〜中級

ねらい ▶ 試合中は自分がディグをしたら、それで終わりではない。ディグをしたらトス、トスをしたらブロックカバーなど、常に次に起こりそうなことを予測し、実際に動けるようにする。

1 レシーバーのポジションに2列に並び、打たれたスパイクをコート中央のアタックライン付近にディグ

向かい側の選手とペアになって動く。ディグする位置は自由に決めてよいが、決めた位置にディグできるようにする。

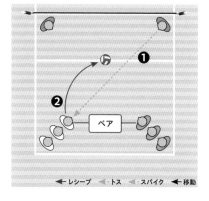

← レシーブ　← トス　← スパイク　← 移動

2 ペアの選手がコート中央まで上がって対角線にトスを上げる。トスを上げたらすぐにもとの位置に戻り、打たれたスパイクをディグ

トスからのディグと、複数の動きが続くが、慌てずに、正面を向いて止まってからディグできるようにする。余裕がないなら、高くボールを上げてトスで時間を稼ぐ方法も有効。

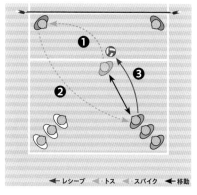

← レシーブ　← トス　← スパイク　← 移動

3 ディグで上がったボールをペアの人がトスにつなげる。トスを上げた人と ② でディグした選手はブロックカバーに入る

アタッカーがいる想定で、トスを上げる。トスを上げた人とディグした選手は、その上がったトスをアタッカーが打つと想定して、ブロックカバーの位置まで移動したら終了。新しいボールで ① から順番に選手を変えて行う。

アドバイス！ ペアでなく個々で、ディグ1本、トス1本で交代するという方法や、ブロックカバーに入らず、③ のトスをそのまま前の選手（① でボールを出した選手）が打って継続するという方法もあります。

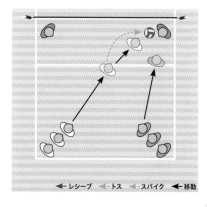

← レシーブ　← トス　← スパイク　← 移動

096

レシーブ

ワンボールディフェンス

人 数	3人以上
場 所	ハーフコート
レベル	中級～上級

ねらい コートにレシーブをする1～3人が入り、走ってギリギリ届くように投げられたボールを順番に拾っていく。次のボールを拾いにいく時間や強度など、レベルを考えてコート内の人数を決める。

ボールを出す選手は、A、B、Cの順に ボールを出していき、それぞれがセッター めがけてレシーブする。決められた時間や 本数が終わるまで継続する

アドバイス！ 右図のように、コートを広く使って、 ギリギリ拾えるボールを触る練習 もありですし、とにかくスパイクを拾う練習、きっち りパスを返す練習など、チームや個人の課題に合 わせて、意図を変えて行いましょう。そのほか、A がレシーブしたボールをBがセットまで行う方法も あり。その際は、Cからまたレシーブでスタートし、 Aがセットと2人組で動くイメージです。

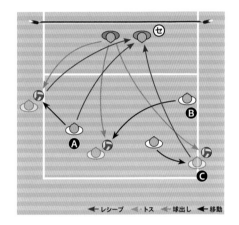

← レシーブ ← トス ← 球出し ← 移動

097

レシーブ

5人移動ペッパー

人 数	5人
場 所	ハーフコート
レベル	中級

ねらい セッターは1人固定で、4人がアタッカーとレシーバーを入れ替えながらつなげる。スパイクやディグの向上はもちろん、ボールにかかわっていないときの状況判断やポジショニングを正確に行う。

① 1人が3人いるレシーバーに 向かってスパイクを打つ

② レシーバーの1人がセッターに返球し、 その間、レシーブをしなかった2人は直前 にスパイクを打った選手のそばによる

③ セッターはレシーブした選手にトスを上げ、 ①でレシーブした選手は移動した2人を 含めた3人のうち誰かにスパイクを打つ。 ①～③を繰り返す

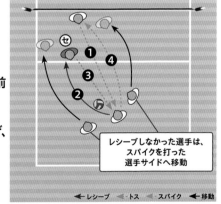

レシーブしなかった選手は、 スパイクを打った 選手サイドへ移動

← レシーブ ← トス ← スパイク ← 移動

レシーブ

シートレシーブ

人　数　5人以上
場　所　ハーフコート
レベル　中級〜上級

ねらい　片面に5人が入り、相手の攻撃に対して4人のレシーバーで守る。アタッカーが打ってくるボールに対して、コート内のほかの選手と関係性を作りながら、決められた時間内で繰り返し練習する。

1　前衛の両サイドに1人ずつ、後衛に3人が入る

2　4人がどのように守るかはチームの守備体系による。4人全員がスパイクに備えるケースもあれば、1人はフェイントをケアする場合もある

ポイントは前衛の選手がしっかり下がること（オフブロッカー）。これによって後衛にいるレシーバーも下がり、自分が取りやすく、ほかの選手と重ならないポジショニングを取れる。慣れてきたら、セッターを入れて6人で実施したり、反対コートから実際に攻撃してもらう練習も行う。

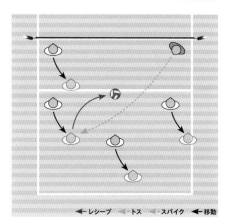

← レシーブ　← トス　スパイク　← 移動

COLUMN

サーブレシーブとディグの違いを理解しよう

　ここまで、サーブレシーブ（レセプション）やディグといった言葉が出てきましたが、改めて説明をしておきます。かんたんにいうと、ディグはサーブ以外のすべての攻撃をレシーブする行為を指します。ディグは、相手の強いスパイクに耐える必要があるため、両足を床につけて、少し低く、深く、安定した姿勢を取ります。ディグは、前にいるブロッカーとの連携も大切です。ボールを上げる練習だけでなく、ブロッ

カーとの連携も意識した練習を行うといいでしょう。一方のサーブレシーブは、文字通り、サーブをレシーブする行為です。ディグよりも浅めに構えて、動きやすくなるよう、リラックスして構えるのが基本です。なお、どちらもスプリットステップを踏むと、1歩目を出しやすくなります。

　一見すると、同じレシーブ行為のように見えますが、それぞれの違いを認識した上で練習することで、必要な技術が身につきます。

サーブレシーブのポイント

1 動きやすいようにディグよりも
少し浅く、楽に構える

2 相手のサーブのコースや質を
すばやく見極めて、
ボールの落下点に移動する

正面で取るのが
難しい場合は、
足を捌いて、体の
横でレシーブする

自分がレシーブ
しやすい構えが
取れる位置に
すばやく移動する

アドバイス！

レセプションともいわれるサーブレシーブは、試合を左右する重要なプレーの1つ。レベルの違いにもよりますが、サーブレシーブ側がその後のラリーで得点する確率は約7割とされています。2点差以上つけないと勝てないバレーボールでは、勝つためにブレイク（サーブ側のチームが得点すること）が必須です。その一方で、負けないためにはサイドアウト（レシーブ側のチームが得点すること）を取り続けることが重要です。従来は、サーブレシーブや攻撃に対するレシーブをすべて「レシーブ」と呼んでいましたが、現在はディグ、サーブレシーブを区別して表現するのが一般的になっています。

✔ CHECK!

どの方向にでもすぐに動き出せる
ようにリラックスして構える。重
心は低くしすぎない。

<blockquote>
ねらい

サーブレシーブは、相手が打ってきたサーブをレシーブする技術のこと。自分たちがよい形で攻撃できるように、正確にセッターに返すことを目指す。現状、小・中学生の多くのチームは、セッター以外の5人あるいは4人がレシーブに入る守備体系を取るケースが多いが、レベルが上がると、サーブレシーブは3人や2人だけで守るようになることも。レシーブが得意な選手は守備範囲を広くするなど、チームで役割分担を決めるとよい。
</blockquote>

③ レシーブする位置への移動はおもにサイドステップで

④ 腕の面、ボール、セッターを視界に入れながら、ボールを触ると安定しやすい

> できる限り早くセッターに腕の面を見せたい。セッターもセットの準備がしやすくなる

✔ CHECK!

相手はサーブをレシーバーに取らせないために、人と人の間やラインに近い所をねらってくる。味方との関係性をしっかり構築する。

✔ CHECK!

サーブレシーブを含めたレシーブは、腕を振って返すというよりも、面の角度（入射角、反射角）で返すという認識で行う。

✔ CHECK!

仲間がボールに触る瞬間は、顔と体を向けて、どんなボールが出ても動けるように準備しておく。

サーブレシーブの基礎

ぜんわん
前腕ボール挟み

人 数	2人
場 所	どこでも
レベル	初級

> **ねらい** サーブレシーブは、飛んでくるボール、自分の腕、返す先のセッターを視界に入れておくのがポイント。前腕の実際にボールをとらえる部分で、投げられたボールをタイミングよく挟む。

① レシーブの構えを作り、ボールを投げてもらう

ひじは
軽く
曲げる

② 投げられたボールを前腕でキャッチする

✔ CHECK!

きっちり挟めたときは、ボールタッチもタイミングを合わせやすいということ。逆にボールが上や下に逃げてしまうのは、ヒットのタイミングがずれているということになる。

COLUMN

ポジションにとらわれすぎないことも大切

私自身は、各ポジションにとらわれないことも、練習においては重要だと考えています。たとえば「ミドルブロッカー」というポジションだから、レシーブやトス練習はしなくてもよいと思ってしまうこと。もちろん、学生、とくに部活という短い期間で身につけられる技術には限りがありますが、可能な限りポジションにとらわれず、バレーボールに必要な技術を身につけてほしいと思っています。

そのためにも、本書ではあえてポジション別という練習を取り入れていません。大会参加の目的にもよりますが、実際に、私は国際大会時にリベロ専門の選手を連れていかずに、毎試合選手たちが交代しながらリベロになってもらうこともあります。

全員がポジションに固執しすぎずに、コツコツと必要な技術を身につけることが、将来の大きな成長のためには不可欠です。

サーブレシーブの基礎

タオル／メガネレシーブ

人数	2人
道具	タオル、メガネ、ストレッチボール
レベル	初級

ねらい ▶ 目線のぶれを防ぐのと、目線を上げたり、あごが上がってしまったりしないように、また腕の位置を見えやすい位置でコントロールするために、道具を使ってサーブレシーブの練習を行う。

1 頭に乗せたタオルを落とさずにレシーブ

2 見えないメガネをかけて、上の隙間からボールを見てレシーブ

3 ストレッチポールを首から下げ、胸と両腕で挟んでレシーブ

アドバイス！

② は、100円ショップなどにあるメガネのレンズ部分にガムテープを貼ればOK。メガネからボールは見えないようにして、あごを引いて、メガネの上からボールを見るのがポイントです。メガネをかけた状態で、あごを上げるとボールが見えないので、自然と目線を保てるようになります。③ のストレッチポールを使った練習は、ストレッチポールを挟むことで、腕が後ろにいくのを防ぎつつ、常に前で腕を視野に入れながらボールをコントロールできるようになるという効果があります。腕を振らずに最短で面を作る練習として取り入れてみてください。

サーブレシーブ

足捌き & 体捌きレシーブ
(さば) (たい)

人 数	3人以上
場 所	フルコート
レベル	中級

胸元に打たれたボールを、足を捌いてセッターに腕の面を向けて返す

胸元にくるサーブは、ボールの進路から体をよけるように体を捌いて、腕の面だけ残してレシーブする。オーバーハンドで取る選択肢も持っておく。

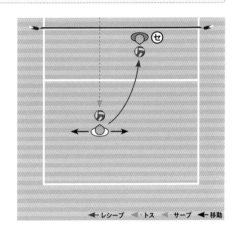

◀━ レシーブ　◀╌ トス　◀┈ サーブ　◀━ 移動

> **アドバイス！**
>
> このメニューでは、足の捌き方（ステップ）と体の捌き方を意識するのがポイントです。腕の面の向け方によって、どのようにボールの飛ぶ先が変わるのか確認しながら行いましょう。

COLUMN

サーブレシーブ練習時の球出しのコツ

　バレーボールの練習において、球出しはとても重要な技術です。サーブレシーブの練習をする際、球を出す選手は、フローターサーブにするのか、回転をかける（ドライブ）のか、相手の正面に出すのか、左右に出すのかなど、意図によって球出し方法はいかようにでも変えることができます。

　つまり大事なのは、その練習を通じて、どういう技術を身につけたいのかを考えながら最適な球出しを

するということです。

　とはいえ、常に相手のコートから打ってもらったサーブをレシーブする練習だけだと、そもそもねらった所にサーブが行かず、達成したい課題に対する練習ができないケースも。サーブレシーブの練習であっても、サーブではなく、投げてもらったり、距離を近づけたり、台の上から打ってもらったりと、ねらいによって最適な球出し方法を考えていきましょう。

103

サーブレシーブ

3列交互サーブレシーブ

人　数　9人以上
場　所　フルコート
レベル　初級

ねらい ▶ 多くの人数でどんどん交代しながら回す、1人が連続して10本受けたら交代など、効率よく練習できる。

コートを縦に3分割し、3コースでサーブレシーブを行う。セッターめがけてレシーブしたら、自分がいた列の後ろに回る

隣のグループとはサーバー（図：⬤サ）とレシーバー（図：⬤レ）が重ならないように入る。まずは、セッターにボールを返すだけでOK。

アドバイス！

発展形として、レシーバーを2人にして、互いの連携を図るといった練習もできます。また、各コースのセッターが、サーブレシーブしたボールをトスし、レシーブした選手がスパイクまで行う練習もスキルアップにつながります。

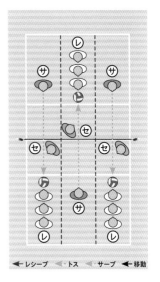

← レシーブ　← トス　← サーブ　← 移動

104

サーブレシーブ

ハーフコート3人レシーブ

人　数　5人
場　所　縦ハーフコート
レベル　中級

ねらい ▶ 初級レベルでは5人がサーブレシーブに入る方法もある。複数名のレシーバーの関係性を高めるのがねらい。

コートの縦半分を3人で守り、サーブを誰がレシーブするかを瞬時に見極めて、セッターに返す

3人の配置は前が1人でも2人でもOK。いろいろ試して最適な守備体系を見つける。3人の関係性を構築しながら、実際のサーブレシーブの技術も高めていく。

アドバイス！

発展形として、セッターをなしにして、1人がレシーブをしたらほかの2人がトスとスパイクまでつなげる練習もやってみましょう。

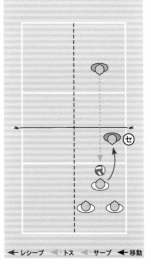

← レシーブ　← トス　← サーブ　← 移動

サーブレシーブ

サーブレシーブ
フォーメーション

人 数	7人
場 所	フルコート
レベル	中級

ねらい サーブレシーブは、各々の守備範囲が広くなることや関係性をシンプルにするために、人数を減らすことも多い。実戦に近い練習を通じて、チームで最適な守備体系を見つけられるとなおよい。

**セッターを含めた6人がコートに入り、
ローテーションごとに
回しながら、実戦に近い形で
サーブレシーブの練習を行う**

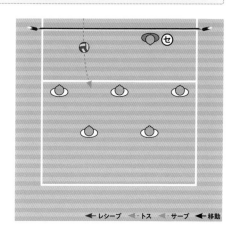

◄— レシーブ ◄— トス ◄∙∙∙∙ サーブ ◄— 移動

アドバイス！

サーブレシーブのみの練習にもできますが、サーブレシーブから攻撃へとつなげる練習にするのも、レベルアップのために効果的です。サーバーも、どこを崩したいかを考えながらサーブすると、互いにレベルの高い練習になります。

COLUMN

左右の関係性作りが大切

　サーブレシーブで多いミスは、レシーバーの間をねらわれて、お見合いをしたり、反応が遅れてしまったりすることです。どちらがボール取るかという約束を決めておく必要があります。どのような約束事を決めるのかはチームや選手次第ですが、たとえば、間に来たボールは右の選手がいく、というふうに決めておくのも1つの方法です。また、サーブの種類によって、レシーブする位置を変えることも大切です。「ショートサーブがくるよ」など、常に声で確認しながら意思の疎通を図って、左右や守備の関係を作っていきましょう。

サーブレシーブ

連続
サーブレシーブ or ディグ

人 数	4人
道 具	台
レベル	中級〜上級

ねらい 次々と打ち込まれるボールに対して、できる限りその場を動かずにレシーブ。スムーズに体重移動をして、最短、最速で面を作ってボールをコントロールする。

台上の2ヶ所から交互に打たれる
ボールをレシーブでセッターに返す

20本連続で行う。サーブを打つ側はテンポよく打つ。ディグを想定する場合は、常に打ってくる方向に体の正面が向くよう、ステップして構える。

アドバイス！

テンポよく打つと、レシーブする選手が早く準備をする（最短・最速で面を作る）しかない状況になります。そうすると、少しずつ楽で力の抜けたフォームが身につきます。課題によって、本数・上げる場所や距離・台の場所を変えるとよいです。

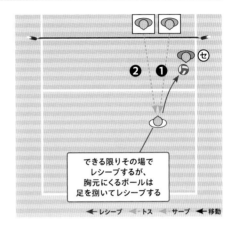

できる限りその場で
レシーブするが、
胸元にくるボールは
足を捌いてレシーブする

← レシーブ・トス・サーブ ← 移動

サーブレシーブ

左右サイドステップ
連続レシーブ

人 数	4人
道 具	台
レベル	中級〜上級

ねらい 2m間隔をあけた台上から左右交互に打たれるサーブに対し、サイドステップで左右に動いてレシーブする動きを繰り返す。しっかり足を運ぶことと体を捌いてレシーブする感覚を磨く。

サーブを打つ選手の間隔は2m程度。
まっすぐ打たれるサーブを
1人でサーブレシーブしていく

サイドステップをしっかり踏んで、動く・止まる・レシーブする、という動作を繰り返す。難しい場合は、ネットを挟まずに近い距離から始めてもOK。慣れてきたら通常のサーブを打ってもらう。

アドバイス！

コートを縦半分にわけて、2ヶ所同時に実施できる練習です。選手数が少ない場合は、サーバーが1人で左右に交互に打つことも可能です。

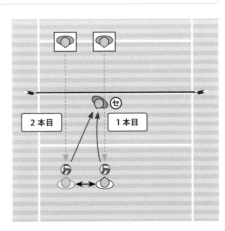

2本目　1本目

ボールではなく人を見る

P104 のコラムやメニュー 106 のアドバイスで、球出しについての話を少ししましたが、指導者は、意図やねらいを持ってボールを出しつつ、ボールを扱う選手の動きを観察することが大切です。これは目に見える動きだけでなく、目に見えない人の内面の動きやさまざまな関係性も含めての動きのことです。

バレーボールはボールを持てない、かつ展開が非常に早いスポーツであり、常にカウントダウンされているスポーツともいえます。誰かがボールに触ってから、次の人がボールに触るまでの時間を、大きく変化させることは不可能です。誰かがレシーブしたボールの頂点の高さが5mだとするなら、その5mから落ちてくるボールを次の人が触るまでの時間が何秒後かということはほぼ決まっていて、そのわずかな時間内に判断し、準備して、決断して、行動するという繰り返しがバレーボールです。

指導者がその早い展開について行くために目でボールを追いかけるのは、特別なことではありません。しかし、そんな早い展開の中でも指導者は、ボール以外の重要な情報を読み取るためにボールから目を離すことが大事です。つまり、結果物であるボールではなく、ボールを動かしている人の動きを追いかけて、理想のイメージの答え合わせをしていく作業が必要です。

その際は、目に見えるものだけでなく、目に見えない選手の内面や選手同士の関係性などにも注目したいところ。一番大切でかんたんにできるのは、選手の普段の発言を聞き、選手たちの思考の結晶である行動を観察し、どのようなことを考え、どこに向かって成長していきたいのかを、コミュニケーションを重ねてチームで共有していくことです。

また、チーム内では指導者と選手という立場だけでなく、チームを一緒に作り上げていく仲間としての関係性を作りましょう。そうすると、いずれは選手自身が自分に対するコーチング（セルフコーチング）ができるようになります。理想はコート内に選手兼コーチが6人いるというチームです。

当然、バレーボールをスタートさせた段階では、わからないことやできないことだらけで、指導者からの指導も必要になりますが、学んだことをチーム内で共有して、互いに教え合うという環境作りを当たり前の習慣にしていけると、チームの成長はどんどん加速していきます。

第 **5** 章

アタック

得点を取るためのアタックの種類、正しい姿勢や練習方法を紹介しています。
相手ブロックとの駆け引きや相手の守備を見た上で
最適な攻撃ができるようになりましょう。

アタックのポイント

1 トスされたボールにタイミングを
合わせて高くジャンプする

2 できるだけ力が入るポジションで
ボールを打つ

アドバイス！

アタッカー（スパイカー）は
打つ際、どのコースにどんな
攻撃をするかを瞬時に決断し
ないといけません。強打ばか
りでは相手に読まれ、ブロッ
クやレシーブで対応されてし
まいます。フェイントやプッ
シュ、ブロックアウトなども織
り交ぜて、多彩な攻撃ができ
るようにしましょう。

☑ **CHECK!**

どの向きやどの深さで踏み込むの
が一番跳びやすく、打ちやすいの
か、いろいろと試してみる。

☑ **CHECK!**

スパイクは基本的に肩より前の位
置でボールの中心より少し上をと
らえ、手首のスナップを利かせて
打つ。

サーブとブロックを除いた攻撃の総称をアタックといい、中でも自分の体を空中に浮かせ、高い打点から相手コートに強く打ち込む技術をスパイクと呼ぶ。アタックを構成するステップ、空中動作、スイングといったスキルを身につけ、それらを融合させていく。スパイクをできるだけ高い打点から打つために、ジャンプの最高到達点より少し前のタイミングからスイングし始めるのがポイント。スパイク以外にも、フェイントやプッシュのような強打をしないアタックもある。

③ どんな状況でも得点が取れるよう、セッターと息を合わせて攻撃を組み立てる

④ 相手ブロックをかわしたり利用したりする攻撃も覚える

✔ CHECK!

セッターは味方のアタッカーがどんな攻撃が得意で、どんなトスを望んでいるかを把握しておく必要がある。

✘ これはNG

跳ぶ位置やタイミングがずれると、力強いスパイクは打てない。上げてほしいトスをセッターに伝えつつも、多少のトスの高さやネットからの距離といった違いがあっても、修正できる助走を身につけることが重要である。

スパイクの基礎

"3つのヒットポイントがわかる" 壁際スイング

人　数	2人
場　所	壁がある所
レベル	初級

ねらい スイングの際に利き腕のひじが開いてしまわないようにするための動き作りや矯正が目的。上、中、前と3つのヒットポイント（打点）を意識し、スパイクの長短を使いわけられるようにする。

① 壁際に立ち、利き腕を振りかぶる

② ひじを壁に当てないようにスイング

③ 正面からボールを投げてもらい上、中、前の3つのヒットポイントで打つ

壁から肩までの距離は20〜30cm

中

上

前

スパイクの基礎

タオル投げ （クロス、インナー、ストレート）

人　数	1人
道　具	ミニタオル
レベル	初級

ねらい クロス、インナー、ストレートに打ちわけるための横3ヶ所でのヒットポイントを、タオル投げから学ぶ。このメニューは、レフトからスパイクする場合のコースをイメージした練習である。

① クロスはタオルをまっすぐ投げる

② インナーは利き手側の肩を前に出してタオルを投げる

③ ストレートは肩を開かずに、左目の前方にタオルを投げる

利き手と反対の手はしっかり引く

親指が太ももの外側にくる

利き手と反対の肩を早く開く

利き腕が胸の前にくる

スパイクの基礎

立ちひざゴム紐スパイク

人数	4人
道具	ゴム紐
レベル	初級

ねらい ▶ スイングの際に利き腕のひじが前に出て下がってしまう選手がいるが、それは NG。ゴム紐に触れないように前から投げられたボールを打ち、スイングの軌道やフォームを修正する。

1 ゴム紐の前で
立ちひざになる

2 ゴム紐に触れない
ようにスパイク

3 立った状態で
同じように行う

ひじは
後ろに
引く

逆手（さかて）は
高く前方
に出す

肩あたりを
目印に
両端から
紐を引っ張る

股関節の
ひねりを
使う

①と同様に
肩あたりに
紐を用意する

第5章 アタック

スパイクの基礎

キャッチボールからのスイング

人数	2人
距離	6〜9m
レベル	初級

ねらい ▶ ボール投げからスイングを学ぶ。投げるときは90度真横を向いた状態から体重移動、体のひねり、スイングの3つを活用する。体の動きを覚えたら、自分で上げたボールをスパイクで打つ。

1 約6mの間隔で2人
でキャッチボール

2 体重移動や体のひねり
を意識して投げる

3 ボールを投げ上げ、
同じ動きでスパイク

スパイクの基礎

連続スイング

人 数	2人
距 離	1m
レベル	初級

ねらい できる限りスムーズかつ安定した姿勢で連続してスパイクを打てるようにする。ネットから約1mの位置に立ち、肩あたりに手投げされたボールを5球連続スパイクで打つ。

① ネットから約1mの位置に立つ

② ネット下に向かって5球連続で打つ

ネットから
1m

✔ CHECK!

連続して打つために、すばやくテイクバック（腕を後方に引く動作）し、しっかり腕を振り切って打つ。スイングとヒットポイントを確認しながら行う。

スパイクの基礎

腕振り立ち上がりジャンプ

人 数	1人
場 所	どこでも
レベル	初級

ねらい バックスイングの力強さを増すことと、ジャンプにつなげるための練習。正座している体勢から、腕振りの勢いで体を引き上げて立ち上がる。ひじをすばやく上げるのがポイントだ。

① 正座の体勢で両腕を後ろに高く持っていく

② 腕をすばやく前に持っていく

③ 腕を振ったときの勢いで立ち上がる

ひじをすばやく上げるイメージ

スパイクの基礎

スパイクステップドリル

ねらい スパイクに入るまでの助走練習。床に子ども用フラフープなどの目印を置き、どの足でどんな距離感で踏み込むかを身につける。最後にジャンプし、ネットの向こう側へボールを投げ込む。

1 利き手でボールを持つ。目印に沿って、右足で1歩目を踏み出す

☑ CHECK!

右利きの場合は、右足から。左利きの場合は、左足で踏み出す。自分にとって最適な歩幅の感覚をつかむ。

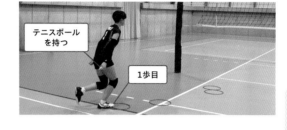

テニスボールを持つ

1歩目

2 左足で2歩目を踏み込む

☑ CHECK!

スピードと勢いをつけるために強く蹴り出すと高いジャンプにつながる。

2歩目でグッと足を踏み込む

3 両足でできるだけ高く跳び上がる

☑ CHECK!

両腕を大きく後ろに高く引き上げ、腕を前に振り上げるタイミングに合わせて、体も引き上げて高くジャンプする。

両足を同時について、グッと踏み込む

4 空中で反対コートのエンドラインめがけてボールを投げる

☑ CHECK!

慣れてきたらコース、ボールを投げ込む距離を変えるなど、さまざまな投げ方や助走に挑戦する。

アタック

ファーストテンポのクイック

人 数	2人
場 所	フルコート
レベル	初級

ねらい セッターがトスを上げる前に助走を開始する（ファーストテンポ）の速いアタック（クイック）の練習。トスを上げる位置に合わせて入る位置を決め、ジャンプしてボールを叩く感覚をつかむ。

① さまざまな角度から②の位置に入る

跳ぶためのスイングとテイクバックまでが一連の動作になる

② セッターから50cm〜1m離れた位置で踏み込む

打点付近が頂点になるようなボールを出す

③ ジャンプして投げ上げられたボールを叩く

COLUMN

テンポの違いを理解しておこう

攻撃を組み立てる際に大切なのが「テンポ」です。テンポとは、アタッカーの助走動作を開始するタイミングを表し、おもに3つに分類されます。

「ファーストテンポ」は、最も早い攻撃で、アタッカーがセッターのトス（セットアップ）よりも先に助走を始めるのが特徴。相手の守備が整う前にスパイクを打てます。

「セカンドテンポ」は、セッターのトスと同時に助走を開始する攻撃のことです。

「サードテンポ」は、セッターのトスを確認してから助走を開始する攻撃で、オープン攻撃とも呼ばれます。十分な助走から自分のタイミングでスパイクを打つことができる一方で、相手の守備が整っているため、コントロール力やパワーが必要です。

チームで繰り返し練習して、いろんな攻撃ができるようにしておきましょう。

menu	アタック	人 数	1人
117	**自トスからのスパイク**	場 所	フルコート
		レベル	中級

ねらい 自分で上げたトスをスパイクする。タイミングを合わせてボールを力強く打てるようにすることで、スパイクの修正能力が向上する。ジャンプドライブサーブ（メニュー56）の練習にもなる。

1 片手でトスを投げ、助走に入る

2 タイミングを合わせてジャンプ

3 全身のバネを生かして強く打つ

menu	アタック	人 数	2人以上
118	**流れるスパイク**	場 所	フルコート
		レベル	中級

ねらい メニュー116のクイックの動きを理解したら、助走に入った位置から流れて左右にジャンプし、ブロッカーがずれるようなしかけを練習する。発展形としてブロッカーやセッターと合わせる。

1 助走に入った位置から流れてジャンプ

2 ブロッカーがずれるようにしかけて打つ

✔ CHECK!

ファーストテンポの助走で、AクイックからBクイック、あるいはBからAのように、助走に入った位置から流れて左右にジャンプし、ブロッカーがずれる（惑わされる）ように打つ。クイックだけでなく、サイドからでも流れながら打てるようにする。

アタック

119

セカンドテンポの スパイク

人数	2人以上
場所	フルコート
レベル	初級

ねらい 前衛でセッターがトスを上げるのと同時に助走を開始（セカンドテンポ）する攻撃をできるようにする。次の段階として、後衛（バックアタック）でセカンドテンポの攻撃をしかける練習を行う。

① 投げ上げられるボールに合わせて助走開始

最初はブロッカーなしで実施するとよい

② タイミングを合わせてジャンプ。できるだけ力強くスパイクを打つ

---

menu

アタック

120

サードテンポ（二段トス）の スパイク

人数	2人
場所	フルコート
レベル	初級

ねらい 二段トス（ハイセット）をしっかり叩く練習。さまざまな位置からのトスに対し、自分の打ちやすい場所にボールがくるように助走して打つ。まずは強く、長く、コート奥をねらえるようにする。

① トスが上がる方向を見る

目線はボール

② 打ちやすい所に入り、ジャンプしてスパイク

☑ CHECK!

ボールをよく見て、タイミングよくジャンプする。余裕があれば、相手コートを見て、守備体系を確認してからトスが上がった方向を見る。ネットから10～15cm上にゴムを張り、その上を通過するように打つと、ブロックに止められにくく、強く長いスパイクを意識しやすい。

menu	アタック		人 数	6人

<table>
<tr><td rowspan="2">menu
121</td><td>アタック</td></tr>
<tr><td># 5ヶ所二段トススパイク</td></tr>
</table>

アタック

menu 121

5ヶ所二段トススパイク

人 数　6人
場 所　フルコート
レベル　中級

> **ねらい** 二段トスは、必ずしもアタッカーが打ちやすい所にボールがくるわけではない。どこに来てもしっかり打てるように助走を取る。強打が難しい場合は、軟打やリバウンドの選択肢を持つ。

5人から上がってくる二段トスを打つ

さまざまな位置から順番に上げられるボールに対して、ボールを待つ角度（できれば90度以上の角度）を変えて自分が打ちやすい状況を作るのが重要。自分とネットの間にボールがくるような位置に助走して打つ。打ったらすばやく下がって次のボールを待つ体勢になる。

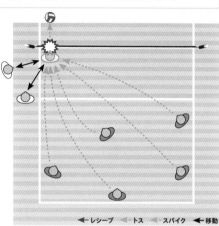

← レシーブ　← トス　　スパイク　← 移動

> **アドバイス！**
> 二段トスを上げる選手の順番を決めておき、それぞれに対して打ちやすい角度や場所にトスを呼べるように助走を取っておきましょう。

第5章

アタック

COLUMN

二段トス（ハイセット）技術を磨く

　レシーブが乱れて、セッターの定位置から離れた場所に上がったボールをアタッカーにつなげるトスを二段トス（ハイセット）といいます。

　アタッカーとしては、ボールがくる方向やセットする選手が都度違うことから、タイミングを合わせづらいケースもあります。

　ただ、攻撃の機会をどれだけ増やせるかが勝負の鍵です。セッター以外の選手も、二段トスを正確に上げられるように練習に取り組みましょう。

　さらに、アタッカーとしては、しっかり二段トスを得点につなげることができるように技術を高めていきましょう。

　ちなみに、細かくいうと、二段トスは高いボールである必要はありません。高いトスという意味でも使われるハイセットとは意味が少し異なるということも、頭に入れておくといいですよ。

119

アタック

ワンレグスパイク

人 数	2人
場 所	フルコート
レベル	中級

ねらい 横に流れるトスに対して、自分もコート内から外側へ向けて流れながら片足でジャンプしてスパイクを打つ練習。二段トスが短くなったときにも使えるように練習しておく。

① トスを見ながら
走り出す

② 片足で踏み切り、
ボールに跳びつく

③ できるだけ高い
打点で打つ

踏み切りと
テイクバック
のタイミング
を合わせる

左足1本で
踏み切る

体を流しながら
ジャンプするので、
安全に着地できる
ように気をつける

アタック

3本連続縦移動スパイク

人 数	2人
場 所	フルコート
レベル	中級

ねらい さまざまな位置へ上げられるボールにしっかりとタイミングを合わせ、コントロールも意識しながら3球連続で打つ練習。

「アタックラインの後ろ」、「1mほど前に進んだ所」、「ネット際」の順に3球連続で上げられたボールを打つ

両足着地でバランスを崩さないようにする。ネットから遠ざかる逆パターンも行う。ボールを出す選手は、ネット越しからスタートし、セッターの手上げ、実際のトスへと発展していくと効果的。

> ### アドバイス！
>
> 発展形として、まっすぐな縦のラインだけでなく、多少左右にぶれて上がってきたトスに対しても、しっかりと助走で合わせて打てる練習を行うとよいです。

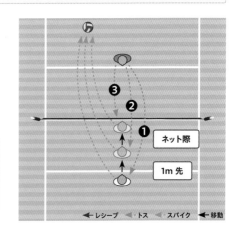

ネット際

1m 先

←レシーブ ←トス ←スパイク ←移動

3本連続横移動スパイク

人 数	2〜4人
場 所	フルコート
レベル	中級

ねらい ▶ メニュー123の3本連続スパイクを横移動でも行う練習。レフト、センター、ライトの順で打つことを基準として、逆方向でも同様に。打ったらすぐに下がって助走距離を確保するのが重要。

「レフト」、「センター」、「ライト」の順で、3球連続で上げられたボールを打つ

1本打ったらすぐに下がって助走距離を確保し、次のスパイクに備える。両足着地でバランスを崩さないようにする。ボールを出す選手は、手投げから始め、実際のトスへと発展していくと効果的。なお、アタッカーを増やし、連続で回していく場合は、セッターを3人入れて、各場所で直上トスを上げてもらうとよい。

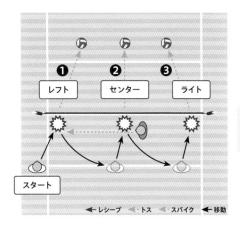

第
5
章

アタック

3本連続コース打ち

人 数	2人
場 所	フルコート
レベル	中級

ねらい ▶ 同じ位置で、自分の打つポイントを変えながら3本連続でストレート、クロス、インナーと打ちわける練習。どこのポジションでも、コースの打ちわけができるようにする。

3本連続で打つ。1本打ったら、すぐに下がって次のスパイクに備える。スパイクは「ストレート」、「クロス」、「インナー」に打ちわける

ボールを出す選手は、まずはネット越しから。打ちわけられるようになったら、アタッカーの横から出す。ネットに印をつけたり、アンテナやプールスティックなどをつけて、スパイクのコースをわかりやすくしてもOK。

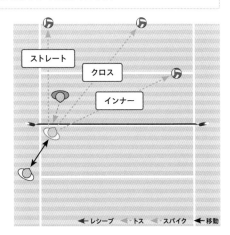

アタック

フェイント、プッシュ、ロールショット

人数	3〜4人
場所	フルコート
レベル	中級

ねらい 強打のスパイク以外に、フェイントやプッシュ、ロールショットなどで攻撃パターンを増やす。長いコースにもコントロールして落とせるようにする。相手ブロッカーをつけて行うとより効果的。

1 強打のスパイクを打つつもりで助走に入る

☑ **CHECK!** 事前に目を切って相手の守備を確認しておく。

2 空いているスペースに落とすフェイントを行う

☑ **CHECK!** 打つ直前に力を緩め、指のはらでボールをとらえる。

3 ボールを押し込むプッシュを行う

☑ **CHECK!** 指のはらでボールをとらえ、ひじを伸ばしたままでボールを押し込む。

4 ボールに回転をかけて打つロールショットを行う

☑ **CHECK!** インパクトの瞬間にひじを緩めて、ボールを手に乗せてドライブ回転をかける。

menu 127 リバウンド

リバウンド

人 数　3～4人
道 具　ブロック板
レベル　中級

ねらい　自分の体勢が整わず、スパイクなどの攻撃で点を取れそうにないとき、相手ブロッカーに当てて、よい状況に立て直して再度攻撃するための技術を覚える。

1　上げられたボールをブロック板に当てる

2　跳ね返ってきたボールを自分でレシーブ

3　すぐに下がり、助走して打ちにいく

しゃがみながら時間を作り、低い位置でレシーブ

助走が取れる距離まで戻る

menu 128 ブロックを見てからのスパイク

アタック

人 数　3人
道 具　プールスティックなど
レベル　中級

ねらい　2本のプールスティックをブロックに見立て、ボールとブロックの位置を把握して、コースを瞬時に判断して打つ。レシーバーを入れて行うと、ブロックとディグの連携を図る練習にもなる。

1　手投げされたトスに合わせて助走に入る

2　ジャンプし、ブロックを視野に入れる

3　下げられたほうにスパイクを打つ

左が空いてる！

踏み切るタイミングで、どちらかを下げる（または上げる）

<table>
<tr><td rowspan="2">menu
129</td><td>アタック</td><td>人 数</td><td>3〜4人</td></tr>
<tr><td rowspan="2">**ブロックアウト**</td><td>道 具</td><td>ブロック板</td></tr>
<tr><td></td><td>レベル</td><td>上級</td></tr>
</table>

ねらい 相手コートに打ち込むだけでなく、相手ブロックを利用して点を取るブロックアウトの技術を磨く。これができると、相手ブロッカーの心理状況にダメージを与えることができる。

1 ブロック板を
固定させる

2 ブロック板の縦や横を
ねらって打つ

板のてっぺんや
横をねらって打つ

☑ CHECK!

ブロック板の縦はブロッカーの指先、横は腕や指の外側をイメージする。次の段階として、実際のブロッカーと勝負する。スパイクを打ち込むかブロックアウトを取るか、リバウンドにするか、選択肢を持てるようにする。ブロック位置の調整やディグとの関係性を作る練習にもなる。

<table>
<tr><td rowspan="2">menu
130</td><td>アタック</td><td>人 数</td><td>3人</td></tr>
<tr><td rowspan="2">**ブロックからのスパイク**</td><td>場 所</td><td>フルコート</td></tr>
<tr><td></td><td>レベル</td><td>中級</td></tr>
</table>

ねらい ブロックに跳んだあと、できるだけ早く下がって攻撃に参加する練習。下がりながら目を切って相手の守備体系やポジションなどの情報を得る。さまざまなテンポや場所でのスパイクに入る。

1 ブロックに跳ぶ

2 すばやく下がって
相手を確認する

①のボールではなく、
セッターが新しいボールで
手投げする

3 さまざまな
テンポで攻撃する

①でボールを出した
選手がブロックに
跳んでもOK

124

menu

131

アタック

コース指定 vs レシーバー

人 数	3人以上
場 所	フルコート
レベル	上級

ねらい ▶ 9分割したコースをねらってスパイクを打てるようにする。ボールから目を切って相手コートの状況を判断し、より効果的な攻撃を選択する力を磨く。楽しみながら駆け引きを身につける。

9分割したコートにレシーバーを入れ、ねらった所にスパイクを打ち込む

セッターが上げたトスに対し、スパイカーは分割したコート内のどこかにねらいを決めて、そこを目指して打つ。レシーバーは1～3人入り、その人数で対応できるように守備位置を考える。ブロッカー1枚を加える、フェイントあり、なし、打っていい場所を限定するなど、レベルにより自由に条件を決める。

> **アドバイス！**
>
> レフトから①④⑤⑥⑦のどこかにノータッチで決めたらアタッカーの勝利。レシーバーは床につく前に触るか、ディグできれば勝ちなど、ルールを作ってゲーム感覚で行うと楽しめます。

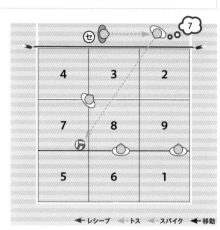

←レシーブ　←トス　←スパイク　←移動

第5章 アタック

menu

132

アタック

サーブレシーブからのスパイク

人 数	3人以上
場 所	フルコート
レベル	中級

ねらい ▶ サーブレシーブやディグをしてからも、すぐに攻撃参加するための意識づけや動きを覚える練習。しっかりと守備をしたあと、攻撃への切り替えを早くしていけるようにする。

レシーブをしたら、すぐに助走に入ってスパイクを打つ

コントロールしやすいサーブやスパイクを打ってもらうことから始める。少しずつ難易度の高いボールを出してもらい、そこからでも攻撃参加をしていく。多少レシーブが乱れても、その状況から攻撃を組み立てられるとよい。

> **アドバイス！**
>
> バレーボールの練習は、どこを強化したいのかねらいを明確にするのが重要です。サーブレシーブやディグしたボールをつないで、そのままスパイクするのが難しい場合は、レシーブ後に、別のボールでトスしてもらうという方法でも OK です。

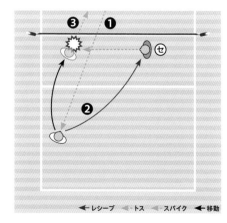

←レシーブ　←トス　←スパイク　←移動

アタック

チャンスボールからの攻撃

人 数	5人以上
場 所	フルコート
レベル	初級〜上級

ねらい セッターと息を合わせて攻撃の精度を上げていく練習。セッターは攻撃の選択肢が増えた中でも、相手の状況を見て決定力が高くなるように判断し、正確なトスをアタッカーに持っていく。

セッターを前衛に固定し、チャンスボールからアタッカーと正確にさまざまな攻撃を合わせる

最初は前衛2枚、レシーバー1枚から徐々に攻撃枚数を増やしていく。次に、セッターと後衛で3枚攻撃にし、さらに後衛を増やして、バックアタックも入れていく。次に自分たちだけではなく、相手コートのブロッカーに対して、どのように攻撃を組み立てていくかを考えながら、少しずつ状況を複雑にして、セッターとアタッカーで攻撃のバリエーションを増やす。そのあと、攻撃の正確さを高めていく。

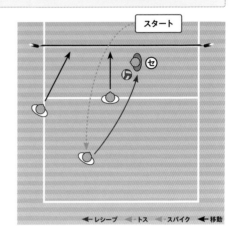

スタート

◀━ レシーブ　◀┅ トス　◀╌ スパイク　◀━ 移動

COLUMN

スロットを理解して、攻撃の数的有利を作ろう

「スロット」は、アタックライン内のコートを右図のように1m間隔で9分割し、コート上の空間位置を表すものです。スパイクをどのスロット位置で打つか、セッターとの共通認識を持つために用いられています。

スロットを意識すると、自分たちの攻撃時だけでなく、相手ブロッカーがどこに構えていて、どこからどのような攻撃を組み立てれば、相手ブロッカーに負荷をかけられるのか、対応し辛いのかを考えるきっか

けにもなります。

ブロック戦術（メニュー136）やブロックのさまざまなスキルと合わせて理解し、ぜひ活用してください。

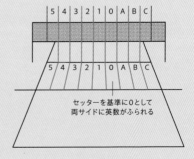

セッターを基準に0として両サイドに英数がふられる

第 **6** 章

ブロック

相手の攻撃を止め、得点にもつながるブロックは攻撃の一種でもあります。
個人のブロック練習だけではなく、後ろにいるレシーバーとの連携も考えながら
チームとして技術と戦術を磨きましょう。

ブロックにまつわる基礎知識

ブロックのポイント

① 高く強い壁になるように
　正しいフォームを身につける

② さまざまなステップを使って最短、
　最速で移動できるようにする

アドバイス！

複数人が同時に攻撃をしかけるのが現代バレーボールの主流。だからこそ、守備側は、相手の攻撃をできる限り早い段階で「この選手がここに打つ！」としぼれるように、判断力とブロック完成までのスピードを磨きましょう。相手の攻撃によっては、アタッカーが打つ瞬間にブロックが完成しないこともありますが、諦めずに最後までボールに触る、止めるつもりで跳ぶことが大切です。

✔ **CHECK!**

より高く、アタッカー（ボール）により近い位置でプレッシャーをかけられるように手を前に出す。

✔ **CHECK!**

相手がアタックを打ってくる所でブロックを完成させられるように基準を合わせて、ステップを使いながら最速で移動する。

ネット際で相手のスパイクを止めるブロックは、最前線の守備を担うと同時に、直接得点になる面で攻撃ともとらえられる。相手エースのスパイクをブロックできると、チームの士気は一気に高まる。また、得点にならなくても、ワンタッチを取ってスパイクの威力を弱めたり、味方レシーブの範囲を限定したりする効果もある。まずは1人で動きを身につけ、チームメイトと一緒に2枚ブロック（2人）、3枚ブロック（3人）をそろえられるようにしたい。

3 ボールだけではなく、相手を見ながら移動する

4 タイミングを合わせて、まっすぐ前に手を出す

第6章　ブロック

✓ **CHECK!**

相手の「ボール（パス）→セッター→ボール（トス）→アタッカー→ボール（スパイク）」の順番に目で追いかけて、どんな助走でどこに打とうとしているのかといった情報を得る。目で「ボールだけ」を追いかけてしまうと、高い所にあるボールを見ることになるため、あごが上がって、ブロックに必要な肩甲骨の動きが制限されるので注意したい。なお、ブロックは人数が増えるほど強力になるが、隙間ができたり、ジャンプのタイミングがずれたりすると、ブロックの効果が下がるだけでなく、後ろにいるレシーバーが拾いにくい状況になる。隙間ができる場合は、レシーバーがその間のコースに入るなど、互いに連携を作るのも重要。

menu 135

ブロックの目的

> **ねらい** ブロックには、スパイクをシャットアウトして得点を挙げる「キルブロック」や、ワンタッチしてスパイクの威力を弱める「ソフトブロック」など目的がある。正しく理解し、使いわけられるようにする。

① 相手のスパイクをシャットアウトする「キルブロック」

✔ **CHECK!** 両手をネットよりも前に突き出す。ブロックの基本である。

② 相手のスパイクをワンタッチして威力を弱める「ソフトブロック」

> 高さの違いで、通常はまったく届かない場合やブロックに遅れた際に、下に叩かれないために使う

✔ **CHECK!** ネットの近くで、手のひらをやや上に向ける。

③ 相手のスパイクコースを限定する「エリアブロック」

> スパイクはブロック脇やブロックの上を抜いてくる

> ブロックのあるゾーンにスパイクは打てない

✔ **CHECK!** 相手はブロッカーを避けようとするのでレシーブの範囲を狭められる。

④ 相手アタッカーに心理的プレッシャーを与える

✔ **CHECK!** 特定のブロッカーを割り当ててプレッシャーを与え、アタックミスを誘う。

ブロックにまつわる基礎知識

ブロック戦術の決定

ねらい ▶ 相手の特長を把握した上で、ブロックの配置、責任範囲、反応の仕方、目的を選択し、ブロック戦術を決定する。ブロックはチームとしての共通理解が重要になるため、話し合いを重ねよう。

相手に速いサイドアタッカーがいる場合のブロック戦術の一例

速い相手サイドの攻撃に対応する方法として効果的な配置はスプレッド（メニュー139）、責任範囲はゾーン（メニュー137）、反応の仕方はリードブロック（メニュー138）、目的はエリアブロック(メニュー135)というふうに、ブロックの戦術を決める。

> アドバイス!
>
> ブロック戦術が決まると、相手のスパイクがどう抜けてくるのかが見えてくるため、どういう守備体系でディグしていくのかをチームで決めることができるようになります。

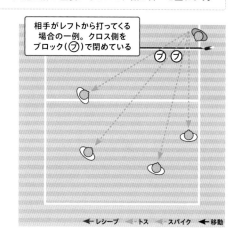

相手がレフトから打ってくる場合の一例。クロス側をブロック（⑦）で閉めている

← レシーブ　…… トス　….. スパイク　← 移動

第6章　ブロック

···········

COLUMN

シャットアウトだけがブロックの成功じゃない

サーブやスパイク、レシーブといった技術は、必ずボールに触り、それがどこにどう飛んだかという結果が明確です。ですが、ブロックには、ボールには触らなくても「ナイスブロック」といえるものがあります。

たとえば、「このコースだけは確実に抑えるからこそ、ボールはここしか抜けない」という、コースを限定するためのブロック。そのほか、相手にプレッシャーをかけるとい

う意味でもブロックはとても重要です。

仮に、試合でのシャットアウトはゼロだったとしても、ブロックがチームの勝利に貢献したということは大いにありえます。相手のスパイクをディグする上で、ブロックは非常に重要な役割を担っていますので、ブロックとディグの関係性を作って相手の攻撃を守る「トータルディフェンス」ができるように、練習してみてください。

ブロックの責任範囲

ブロックのマークの仕方は、ブロッカーが常に1対1でアタッカーを追いかける「マンツーマン」と、ブロッカーがそれぞれの持ち場を守る「ゾーン」の2つ。責任範囲を理解して実践するのが重要。

1 「マンツーマン」のメリットは、誰が誰をマークするかが明確になること。ただし、選手同士が交錯するような時間差攻撃に対しては対応が難しくなる。また、相手の攻撃に対してブロックの枚数が少なくなる可能性が高い

右図では、Ⓐは④を。Ⓑは⑧、Ⓒは©をマークし続ける。

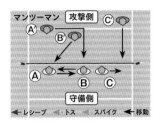

2 「ゾーン」のメリットは、ブロッカーが左右の位置を入れ替えたりする必要がないこと。安定してブロックができ、対応もしやすい

レフト・センター・ライトと、全員がそれぞれの持ち場を守る。なお、選手の能力やチームによってゾーンの範囲は異なる。

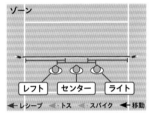

ブロックの反応

相手チームの攻撃の特徴や自チームの個々のレベルに合わせて、ブロックの反応もどれが最適かを選択できるようにする。

1 相手セッターのセットを見て反応し、ブロックに跳ぶ「リードブロック」

2 この選手に跳ぶと決めて、相手アタッカーのタイミングに合わせて跳ぶ「コミットブロック」

3 相手の攻撃を推測して跳ぶ「ゲスブロック」

基本的には、リードブロックで対応していきたいが、相手の攻撃の見極めや自分の反応、移動スピードが間に合わない場合もある。状況やレベルによって使いわけるのが大切。

ブロックにまつわる基礎知識

ブロックの配置

> **ねらい** ブロックはスタートの立ち位置（配置）で分類される。おもに「バンチ」、「スプレッド」「リリース」、「デディケート」にわけられる。相手の攻撃に対して、一番対応できる配置を組めるようにしておく。

① センター付近に3枚のブロッカーが並ぶ「バンチ」シフト

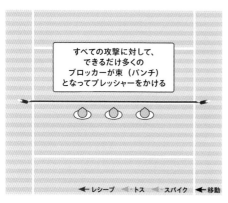

すべての攻撃に対して、できるだけ多くのブロッカーが束（バンチ）となってプレッシャーをかける

← レシーブ　← トス　← スパイク　← 移動

✓ CHECK! 中央からのクイックなどには効果的だが、サイドからの速い攻撃に対応しにくい。

② 3枚のブロッカーが横に広がって並ぶ「スプレッド」シフト

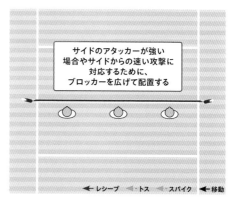

サイドのアタッカーが強い場合やサイドからの速い攻撃に対応するために、ブロッカーを広げて配置する

← レシーブ　← トス　← スパイク　← 移動

✓ CHECK! クイックなどの中央からの攻撃に対応しにくくなる。

③ レフト側かライト側に1人だけ偏らせる「リリース」シフト

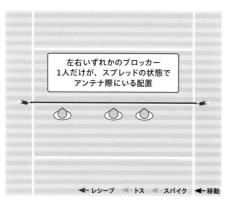

左右いずれかのブロッカー1人だけが、スプレッドの状態でアンテナ際にいる配置

← レシーブ　← トス　← スパイク　← 移動

✓ CHECK! 相手に強力なサイドアタッカーがいる場合に有効。2人は中央からの攻撃にも対応する。

④ 3枚のブロッカーがサイドによって並ぶ「デディケート」シフト

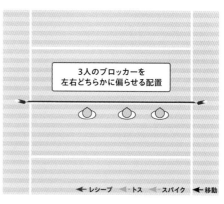

3人のブロッカーを左右どちらかに偏らせる配置

← レシーブ　← トス　← スパイク　← 移動

✓ CHECK! 相手チームがレフト側かライト側に偏った攻撃をする場合に効果的。

第6章　ブロック

ブロックにまつわる基礎知識

ブロックの構え方

① 対クイック（ファーストテンポ）の正面の構え

② 対クイック（ファーストテンポ）の横からの構え

アドバイス！

ポジションにより対応する相手が異なるため、構え方も異なるが、基本的にはテンポの速い順番に対応できる構えを選択しましょう。クイックに上がらなかった場合は、その瞬間に手を下ろして、移動しやすいように構えてセカンドテンポの攻撃に対応していきます。上記 ① 〜 ③ の写真はあくまで構え方の一例。自分が最も速く跳びやすい構えを探してみてください。

✔ CHECK!

相手のクイックの速さに対応できるように、肩から顔の横あたりに手を置いて構える。

✔ CHECK!

胸を張るように相手コートを見て構え、そこからスプリットステップを踏み、速く、高く跳べるようにする。

バレーボールでは、サーブ以外はすべてオープンスキル（相手やボールが常に変化する状況下で発揮される技術）であり、しかも大部分がリアクションをともなう動きである。ブロックは、とくに時間のない中で相手の動きへの反応を求められる。短距離走が構え（スターティングブロックを蹴る準備）を作って走るのと同様に、ブロックも最短、最速で、動きやすく、反応しやすい適切な構えが必要になる。それとともに、ジャンプ時には体幹の強さが求められる。

③ 対セカンドテンポ、サードテンポ の横からの構え

腕をスイングしやすい所で

✕ これはNG

①のように手を上げて構えると腕を振りにくくなり、その分、ジャンプしたときの高さが出ない構えになってしまう。相手の攻撃に備えて、より速く動けるような位置に手を構えておく。

アドバイス！

対セカンドテンポ、サードテンポでは、ジャンプをするまでに少し時間があります。そのため速さとともに、より動きやすく腕のスイング（振り）を使ってブロックの高さを出せるように、手は胸の前からお腹の前あたりで構えるとよいでしょう。

✔ CHECK!

ひざ、股関節、足首の角度は、パワーポジションと呼ばれる、最も力を発揮でき、動きやすい位置で構える。

✕ これはNG

棒立ちになった状態や、上体を極端に反らせた構えはNG。すばやい動き出しができなくなる。

ブロックの基礎

ブロック力チェック

人数	2人
場所	どこでも
レベル	初級

> **ねらい** 空中でのブロック姿勢を保てるよう、まずは、肩甲骨が上方向に最大限上がりながら、体前面の筋肉と連動するかどうかチェックする。

① ブロックの構えをした選手の片腕を押す

押す

② 押された力に耐え切れず、後ろに足が1歩出る

✕ これはNG

肩甲骨の動きと体前面の筋肉が連動していないと、手だけが後ろにいく。

ブロックの基礎

ネットでヒット感覚チェック

人数	2人
場所	ネット付近
レベル	初級

> **ねらい** ブロックは当ててもらうのではなく、自分で止めにいく感覚を持つことが重要。自分で角度を決めて、どこにボールを落としたいかを決め、そのための手の向きや閉めるタイミングの感覚をつかむ。

① 実際のブロックの形でネットから両手を出す

② 強打されたボールを止める（シャットアウト）する

ネットなしで行ってもOK

✔ CHECK!

右手や左手側に打ってもらい、片手で止める感覚を磨く。慣れてきたらどちらかを決めずに打ってもらい、相手をよく見て打ってくる側をしっかり閉める。ボールではなく、相手の動きを見て、できるだけボールに手を近づけることが重要。

menu **143**	ブロックの基礎	人 数　1人

ジャンプと手の出し方

人 数　1人
場 所　ネット付近
レベル　初級

> **ねらい** シャットアウトやワンタッチにつなげられるブロックの空中姿勢の保ち方と手の出し方を身につける。後ろにいるレシーバーが見やすいように、手をまっすぐ出すことも覚える。

① 体のバランスを崩さないように その場でまっすぐ上に跳ぶ

✓ CHECK! 後ろのレシーバーが見やすいように、ジャンプした位置に降りるイメージで跳ぶ。

② ブロック姿勢を保ちながら ななめ方向に跳ぶ

✓ CHECK! 相手の早い攻撃や助走が間に合わなかった場合は、ななめに跳ぶこともある。

③ 両手をネットよりも前に出す

> 肩甲骨を上げ、ひじ、手首、手の指、お腹（腹筋）を同時に息を吐くように力を入れる

✓ CHECK! できる限り相手アタッカーが打ったボールに近い（高い）位置で、ボールを抑え込む。

✕ これはNG

跳んだときに体が反ってしまうのはNG。なお、ジャンプ時に前に突っ込んでしまうのもタッチネットという反則につながりやすく、ケガをする恐れもあるので注意したい。

第6章 ブロック

ブロックの基礎

ブロック時の
スプリットステップ

人数	1人
場所	ネット付近
レベル	中級

ねらい 相手のセッターが上げるセットへの反応スピードと判断の正確さを高めるためのステップを身につける。ジャンプのタイミングや、どのタイミングでどこを見るかを理解して実践する。

1 セッターがボールを触るタイミングを見極める

ブロックの構えをしておく

2 セッターがボールに触った瞬間に軽くジャンプ

空中でボールの行方を見る

3 着地しながら、セットの方向に踏み出しやすい姿勢を作る

その場で跳ぶ、またはボールが上がった方向にステップを踏む

COLUMN

スプリットステップをする理由は何?

メニュー75でもスプリットステップを紹介しましたが、その理由はバレーボールにおいて欠かせない動きだからです。

スプリットステップは、相手がボールを打つタイミング（ヒット）に合わせて、軽くジャンプします。たった、それだけの動きですが、そのあとの1歩目の踏み出しを速くかつ正確に行えるようになります。

ディグ、ブロック、サーブレシーブ、ブロックカバーなどのリアク

ションのシーンで実施してみてください。空中にいる間にどこにスパイクが打たれて、トスが上がって、サーブが打たれてといったことを判断し、着地しながら最短かつ最速でボールに近づけるように準備しましょう。

最初はどのタイミングがよいのかわからないかもしれませんが、何度も繰り返し練習をすると、速く動ける実感や反応の方向を間違えなくなるはずです。

ブロックの基礎

145 サイドステップ & ジャンプ

人　数　1人
場　所　ネット付近
レベル　初級

> **ねらい** ブロック時の移動距離が短いときは、足を交差させずに横に動くサイドステップを利用する。ブロックとディグの連携を図りやすいステップでもある。

1 移動する方向の足を横に1歩踏み出す

2 もう一方の足を同じ方向に引きよせる

3 重心を落としてジャンプの体勢を取る

第6章　ブロック

---

menu

ブロックの基礎

146 クロスオーバーステップ （スイングブロック）

人　数　1人
場　所　ネット付近
レベル　中級

> **ねらい** サイドステップでは間に合わない距離の移動は、足を交差させて動くクロスオーバーステップを利用する。勢いをつけて跳ぶことになるが、空中で正面を向き、アタッカーの壁になるようにする。

1 移動する方向の足を横に1歩踏み出す

スプリットステップをしてから反応

2 反対の足を交差させて大きく踏み出す

3 最初に動かした足を引きよせ、両足でジャンプ

両足そろったら、跳びながら正面を向く

足を交差させる

ブロックの基礎

床反力ジャンプ

人　数	2人
場　所	どこでも
レベル	初級

ねらい　ジャンプは床からの反力をもらって跳んでいる。連続ジャンプでは強く床に当たるほど、跳ね返りが強くなって高く跳べる。力を逃さずにジャンプするために必要な体の使い方を学ぶ。

① 2人組になり、1人がその場でジャンプ

肩に手を置く

② 着地際にもう1人が両肩を上から押さえ込んで、スピードをつける

連続でジャンプ

☑ CHECK!

床反力とは地面を押す力に対する反発力のこと。跳ね返りが強くなる感覚をつかむ。ポイントは足首を固定し、ひざを曲げすぎずに、お尻を締めるイメージで体幹を固定すること。床との接地時間をできるだけ短くする。

ブロックの基礎

2人組持ち上げジャンプ

人　数	2人
場　所	どこでも
レベル	初級

ねらい　ブロックでは、肩甲骨を引き上げるようにして腕を前に出すのが重要。まず後ろからサポートしてもらい、肩甲骨を意識しやすくする。次に肩甲骨を押し上げてもらいながらジャンプする。

① ブロッカーの後ろから親指を肩甲骨に当てる

何度か押し上げてもらい、肩甲骨を動かす感覚をつかむ

② 肩甲骨の動きをサポートしてもらいながらジャンプ

肩甲骨を上げるように持ち上げる

☑ CHECK!

下から持ち上げる力が加わり、ジャンプ力も上がるので、空中でできるだけ長い時間ブロックの形を保つ。通常よりも滞空時間が長くなるため、着地の際も補助してもらい、安全に降りられるようにする。

<table>
<tr><td>menu</td><td rowspan="2">ブロックの基礎</td><td>人　数</td><td>2人以上</td></tr>
<tr><td rowspan="2">149</td><td>道具台</td></tr>
</table>

menu 149 ブロックの基礎

ボールつかみ

人　数　2人以上
道　具　台
レベル　中級

ねらい 空中での姿勢を安定させ、体幹を固めた状態でも力を発揮できるようにする。ブロック時に必要な、安定した強い体の感覚を身につけるとともに、手をネットの前に出す感覚も理解できる練習である。

1 1人がネット越しの台上で、ブロッカーのブロックジャンプ最高到達点付近でボールを2つ持つ

2 ブロッカーはジャンプしてボールをそれぞれ片手でつかむ

ボールは空気を抜いてつかみやすくしておく。その場だけでなく、助走してからのジャンプでも同様に行う。発展形として、ボールをメディシンボール1個とし、台上で持っている選手からジャンプして受け取り、そのまま空中で下向きに瞬時に投げるという練習も実施するとよい。空中でのバランスキープや体を締める感覚が身につく。その場合は、ブロッカーの身長によって、ネットの高さを変えて行う。

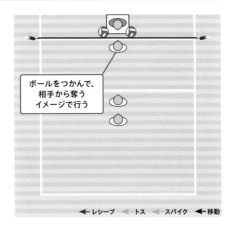

ボールをつかんで、相手から奪うイメージで行う

←レシーブ　←トス　スパイク　←移動

---

menu 150 ブロックの基礎

抑えるコースの位置取り

人　数　2人
道　具　台
レベル　中級

ねらい 右利きのアタッカーがレフトからスパイクを打ってきたと想定し、アタッカーのヒットポイントに対して、3つのブロッカーの基準となる位置取りと、後ろに入るレシーバーとの連携を理解する。

1 1人がネット越しの台上でボールを1つ持つ

2 ブロッカーは、助走してアタッカーのヒットポイントに対して、「右手を合わせる」、「顔の正面を合わせる」、「左手を合わせる」の3パターンを行う

位置取りというのは、アタッカーが打ったボール（ヒットポイント）に対して、どこを抑えるのかという基準を作ること。自分が抑える位置によって、ボールが抜けてくるコースが変わるので、相手の位置に合わせてブロックの基準を取る。

アドバイス！ 実際にスパイクを打ってもらうとともに、後ろにレシーバーを入れる発展形の練習もあります。

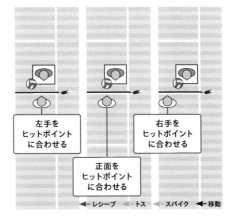

左手をヒットポイントに合わせる

正面をヒットポイントに合わせる

右手をヒットポイントに合わせる

←レシーブ　←トス　スパイク　←移動

ブロック

アイ & ステップワーク

人 数	3人
場 所	縦ハーフコート
レベル	中級

ねらい ブロック時の目（アイ）の使い方とヒットポイントに合わせるステップ、タイミングをつかむ。目でボールを追いかけられない状況を作り、多くの情報をアタッカーが持っていることを知る。

1 ネット越しから投げられたボールに対し、アタッカーはタイミングを合わせて助走して、まっすぐスパイクを打つ

ブロッカーに当てるように打つ。

2 ブロッカーは、アタッカーの助走やフォームを見て、アタッカーの正面へ移動し、タイミングを合わせてブロックに跳ぶ

最後の瞬間に視野にボールをとらえてシャットアウトする。

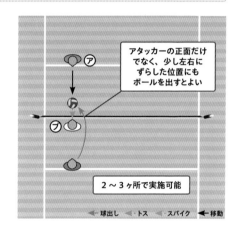

アタッカーの正面だけでなく、少し左右にずらした位置にもボールを出すとよい

2～3ヶ所で実施可能

◀— 球出し ◀— トス ◀— スパイク ◀— 移動

ブロック

コミットブロック

人 数	4人
場 所	フルコート
レベル	中級

ねらい 相手セッターがどこに上げるかは関係なく、相手アタッカーと同じタイミングで跳ぶブロック。おもに対クイックで有効。よい状態でブロックにつけたときのシャットアウトの感覚をつかむ。

チャンスボールからクイックを打ってもらい、相手の動きに合わせてブロックに跳ぶ

あらかじめ決めておいた相手の動きに、タイミングを合わせてブロックに跳ぶ。アタッカーがブロッカーに向かって打ち込むことで、コミットブロックのタイミングとボールを止めるときの感覚が身につく。

アドバイス！ コミットブロックは相手の速い攻撃に対応できるブロック。アタッカーの助走に合わせて跳ぶため、確実性は下がりますが、タイミングが合ったときにはシャットアウトやワンタッチが取れるよう、しっかり練習しましょう。

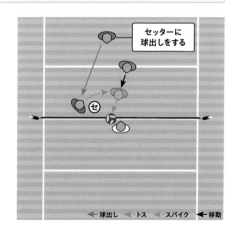

セッターに球出しをする

◀— 球出し ◀— トス ◀— スパイク ◀— 移動

ブロック

153

台上ブロックヒット

人　数　2人
道　具　台
レベル　初級

ねらい ▶ ジャンプの仕方や肩甲骨の使い方など、これまで習得してきたさまざまな動きを用いて、実際に打たれたボールを止める。台の上から打ってもらうと、より実戦に近い高さのボールで練習できる。

1 助走してブロックするポジションに入る

2 台の上から強打されたスパイクをブロックで止める

✔ CHECK!

初心者はあごが上がってしまい肩甲骨が動かしにくいこともある。そういう場合は台は使用せず、床から上に打ってもらったボールをジャンプしてブロックすると、あごが上がりにくく、肩甲骨を使ったブロックができるようになる。

---

menu

ブロック

154

連続ステップ & ジャンプ

人　数　2人以上
道　具　台
レベル　中級

ねらい ▶ さまざまな攻撃に対して、何度も跳ばないといけない実戦を想定し、2～3ヶ所でブロックを行う。

1 3m 程度の範囲で左右交互にステップを使いながら移動して、連続でブロックのジャンプを行う

毎回もとの位置に戻る、着地後すぐ移動するなどで3往復程度行う。最初は移動距離をもっと短くして実施してもよい。

2 台の上から打ってもらったスパイクを、同じように動きながら連続でブロックする

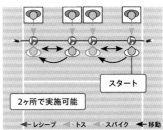

4ヶ所で実施可能

スタート　　サイドステップやクロスオーバーステップで移動

← レシーブ　← トス　　スパイク →　← 移動

スタート

2ヶ所で実施可能

← レシーブ　← トス　　スパイク →　← 移動

✔ CHECK!

複数ヶ所で同時に行えるメニュー。距離に応じてステップもサイドステップ、クロスオーバーステップ（メニュー 145 ～ 146）を使いわける。意識しなくても自然と動けるのが理想。距離を伸ばして行うのも効果的。

ブロック

二段トスに対するブロック

人　数	3人以上
場　所	フルコート
レベル	中級

ねらい　相手のレシーブが乱れた二段トス（ハイセット）に対してのブロック練習。まずはアタッカーと1対1でタイミングを合わせ、位置取りの感覚を磨く。次の段階では2人で止めにいく。

1 アタッカーがあらかじめ打つと決めたコースに入ってブロックする

二段トスを想定した手投げの球出し（またはセッターが二段トスを上げる）から、アタッカーがスパイクを打つ。まずは、打つコース（ストレートまたはクロス）を決めて、ブロックする。

打つコースを決めずに、ブロッカーがレシーバーにクロス（ストレート）の位置で跳ぶとサインを出し、連携して守るという発展形も可能。

2 ブロッカーを2枚にして、①と同様に行う

声を出しながらステップのタイミングを合わせて、2人が空中でそろうように跳ぶ。

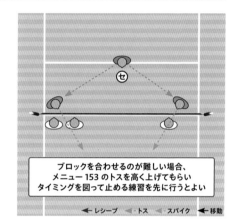

ブロックを合わせるのが難しい場合、
メニュー153のトスを高く上げてもらい
タイミングを図って止める練習を先に行うとよい

◀ レシーブ　◀ トス　◀ スパイク　◀ 移動

ブロック

ブロック & ディグ関係性作り

人　数	5人以上
場　所	フルコート
レベル	中級〜上級

ねらい　ブロックで相手アタッカーにプレッシャーをかけ、打つコースを限定させた上で、後方に控えるレシーバーが拾う。ディフェンスにおいて重要な、ブロックとディグの関係性を作っていく。

1 アタッカーはストレート（もしくはクロス）に打つと伝える

2 ブロッカーはストレート（もしくはクロス）を閉め、それに応じてレシーバーがポジションを取る

①と②のあと、次にアタッカーはストレートかクロスのどちらに打ってもいいとする練習をする。その際、ブロッカーは、どちらを閉めるのかをあらかじめ決めてレシーバーに伝えておき、レシーバーはボールを拾えるポジションに入る。

発展形として、ブロッカーやアタッカー、レシーバーの数を増やして、実戦に近い状況で行う方法も。ラリーのように繰り返し同じ練習をするのも効果的。

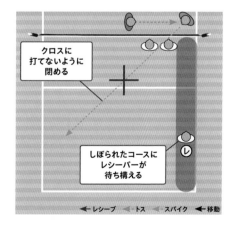

クロスに
打てないように
閉める

しぼられたコースに
レシーバーが
待ち構える

◀ レシーブ　◀ トス　◀ スパイク　◀ 移動

157

1対1
リードブロック

人　数	4人以上
場　所	フルコート
レベル	中級

ねらい ▶ リードブロックは相手のトスを確認してから移動して跳ぶため、いかに速く移動して、相手アタッカーのヒットポイントに合わせてブロックできるかが重要。その技術を磨くための練習だ。

① セッターの手からボールが離れたのを確認して動く

② 相手アタッカーの前でジャンプに移る

> ボールではなく、アタッカーを見て、ヒットポイントに合わせる

✔ CHECK!

コミットブロック（メニュー152）よりはブロックの完成が遅れやすいが、できるだけ早く完成させられるように、状況判断やステップ、反応が速くなるように練習する。たまに、アタッカーと異なる場所にトスをして、ブロッカーがしっかり見て反応しているかを確認するとよい。

158

1対2
リードブロック

人　数	5人以上
場　所	フルコート
レベル	中級

ねらい ▶ 相手アタッカー2枚に対して、1枚でリードブロックを行う練習。最初は、ステップ（メニュー144）が遅れてもいいので、確実にセットされた方向にステップを踏めるようにする。

メニュー157のアタッカーを2人にして、同じようにリードブロックの反応とブロックの練習を行う

例として右図のように、相手コートにセンターとレフトの2人のアタッカーに入ってもらい、チャンスボールからどちらかにトスを上げる状況を作り、それに反応してブロックに跳ぶ。反応しやすい高いトスから始めてもらい、そのあと攻撃のテンポを変えるなど、複雑な攻撃にしていく。

アドバイス！ まずは、ブロッカーが反応できているかどうかの確認のために、アタッカーがボールをキャッチして終わってもOKです。

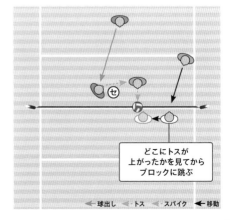

> どこにトスが上がったかを見てからブロックに跳ぶ

◀━ 球出し　◀━ トス　◀┄┄ スパイク　◀━ 移動

ブロック

3対フリー
リードブロック

人 数	8人以上
場 所	フルコート
レベル	上級

ねらい リードブロックで相手のトスに反応して止めにいく、メニュー158の発展形。2〜4人の攻撃に対し、3人のブロッカーで対応する。相手は前衛だけでなく、バックアタックを入れて行ってもよい。

3人のブロッカーが入り、アタッカー（トスが上がった所）に対して、できるだけ多くの枚数（人数）をそろえてブロックできるようにする

まずは、攻撃側の攻撃方法を限定し、その攻撃に対してリードブロックを行う。

アドバイス！ 慣れてきたら、攻撃方法を限定せず連続で行うことで、考えて準備しなくても対応できる技術を身につけましょう。さらなる発展形として、レシーバーを入れてブロックと連携する練習をしてもよいです。

ブロック

ABC パスからの
リードブロック

人 数	10人以上
場 所	フルコート
レベル	上級

ねらい 相手の攻撃は、パスがセッターにきれいに返った所からばかりではない。乱れたり二段トスになるなど、ランダムな状況を作った上で、ブロッカーが自ら判断して相手の攻撃を止めにいく。

セッター+アタッカー3〜5人で組み立てられる相手の攻撃を、ブロッカー3人で止めにいく

攻撃側はAパスやBパス、Cパスからなど、いろいろなシチュエーションを作って攻撃する。ブロッカー側は、状況判断をして攻撃の選択肢をしぼり、できる限り多くの枚数でブロックに跳ぶ。パスの種類などを大きな声で伝え、共通認識を持って動けると枚数がそろいやすい。

アドバイス！ 発展形として、後衛にレシーバーを3人入れて、6人で守る練習もできます。実戦に近い形で練習すると、ブロッカーとレシーバーの連携や対応力が上がります。

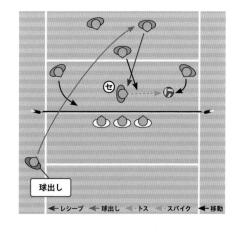

球出し

← レシーブ ← 球出し ← トス ← スパイク ← 移動

第  章

実戦練習

ボールを止めることができず、
どんどん状況が変わってしまうバレーボールだからこそ、
実戦練習はチームのどこが課題で何を強化したいのか、
といった目的をチーム全員が認識して重点的に練習することが重要です。

少人数でできる実戦練習

キャッチバレー

人　数	6〜8人
場　所	フルコート
レベル	初級

ねらい　ダイレクトでのボールコントロールなど、バレーボールには難しい技術が求められる。初心者に向けてラリーやゲームの楽しさを知ってもらう目的で、レシーブをキャッチに変えてゲームを行う。

1 バドミントンコート程度の広さのコートに両チーム3人ずつ入る

2 通常の「レシーブ→トス」の流れを、「キャッチ→投げる」でOKとし、ゲーム形式で点を取り合う

キャッチしたら、別の選手がセッターの位置に移動し、そこへパス。セッターの位置にいる選手が両手でトスを上げて、もう1人がスパイクを打つ。相手コートの選手はそのボールをキャッチして、一連の流れを繰り返す。キャッチしたら歩いてはいけない、ワンバウンドまで可など、レベルに応じてルールやコートの広さ、ネットの高さを調整する。

少人数でできる実戦練習

2人組切り替えパス

人　数	2人
場　所	フルコート
レベル	中級

ねらい　2人でパス交換をしながらネットを挟んで移動を繰り返す。すばやい身のこなしを覚えつつ、いろいろなプレーができるようにする。慣れてきたら、パスだけでなくスパイクも入れていく。

1 AがBにパスし、BがAにトス。Bはトスをしたらすぐにネットの下をくぐって相手コートへ移動する

2 Aは上がってきたトスをオーバーハンドパスで相手コートに返し、ネットの下をくぐって相手コートへ

3 送られてきたパスをBがレシーブ。Aはトスを上げて、Bがオーバーハンドパスで相手コートに返す。一連の流れを繰り返す

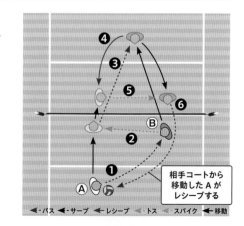

相手コートから移動したAがレシーブする

◀-パス ◀-サーブ ◀-レシーブ ◀-トス スパイク ◀-移動

menu 163

少人数でできる実戦練習

2対2のゲーム

人　数	4人
場　所	フルコート
レベル	中級

ねらい ▶ 2対2でゲームを行う。ビーチバレーのイメージで、サーブレシーブをした選手は味方のトスで攻撃する。すべてのスキルが必要な練習である。

2対2でコートに入って、実戦と同様のゲームをする

全員が同レベルのトスを上げることができるようにする。トスはただ上げるのではなく、後ろに上げて味方を回り込ませてスパイクを打つ、またアタックもクイックやテンポ、打つ場所を変えるなど、さまざまな攻撃パターンを身につける。

アドバイス! 発展形として、両チームに固定のセッターを入れ、ほかの2人でサーブレシーブ＆ディグ、アタックを担う練習法も試してみましょう。

menu 164

少人数でできる実戦練習

ダイレクトゲーム

人　数	2人以上
場　所	フルコート
レベル	中級〜上級

ねらい ▶ ネットを挟んで2チームにわかれ、1本で相手コートに攻撃する。どれだけ早くボールの落下点に移動できるか、相手の状況を見た上で、どれだけ正確にボールコントロールできるかがポイントになる。

人数は1対1でも、何人入ってもOK。1本（1回）で相手コートに返すのがルール

ダイレクトが難しい場合は、2本目で返すなど条件を緩めて行う。そのほか、1回ボールに触ったら待機している選手とどんどん入れ替わる、といったルールにしてもOK。

アドバイス! 慣れてきたら、同様のルールのゲームをボール2個で行ってみましょう。視野を広げる力＆状況判断能力をさらに向上できます。

人　数	4人以上
道　具	フラフープなど
レベル	中級〜上級

menu
165

ワンバウンドバレー

ねらい　両チーム2〜3人程度が入り、ラリーを行う。ボールコントロール力を上げるとともに、フラフープ
が回る可能性を考慮しながら、タイミングを図っていかにボールを通せるかがカギ。

攻撃は必ずネットにぶら下げたフラフープを通し、ワンバウンドしたボールをレシーブしてラリーを継続する

各コートに2〜3人が入り、3回のボールタッチまでに相手コートに返す。ボールを取れない、またはフラフープを通せない場合は負けになる。

アドバイス！　レシーブをキャッチにしたり、スパイクをボールを投げる動作に変えたりして、レベルを下げて実施してもOKです。

ボールは
ここを通す

人　数	5人以上
場　所	ハーフコート
レベル	中級〜上級

menu
166

ローテーションドリル

ねらい　1人がパス（レシーブ）、トス、スパイクと順番に動いてプレーすることで、試合に近いボールの
流れを理解しつつ、ボールコントロール力を上げていく。

ハーフコートに4人が入り、パス、トス、スパイクとボールの流れに沿ってポジションを入れ替えてプレーする

前衛両サイドの2人のうち1人が、パスでレシーバーをねらう所からスタート。レシーブした選手は即座にセッターの位置に移動。ほかの選手も同様にポジションをローテーションしながらプレーを続ける。そのあとは、パスをスパイクにしたり、レシーバーがクロスやストレートに動いたのを見てから打つ（逆に、アタッカーの動きを見てからレシーバーが動く）など、意図によってさまざまな練習を行う。

アドバイス！　そのほか、アタッカーがレシーバーの正面ではなく、オーバーハンドでできるだけ遠くに飛ばして二段トスの練習をしつつレシーバーを動かし、レシーバーはそのボールをセッターに返す、という練習も効果的です。

アタッカーが次はレシーバー→
セッターとポジションを移動する

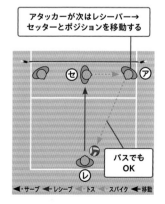

パスでも
OK

◄・サーブ　◄・レシーブ　◄ トス　◄ スパイク　◄ 移動

実戦練習

ストーリードリル

人 数	8人以上
道 具	フルコート
レベル	中級～上級

ねらい ゲームにおけるほぼすべてのプレーを盛り込んだ練習。1人がすべてのポジションを経験するため、動きの予測や各ポジションの役割、考え方を知ることができる。

コートを縦に2つにわけ、それぞれの側で3対3をする。サーブ、レシーブ、トス、スパイク、ブロック、レシーブまでの流れをポジションを入れ替えながら行う

サーブを打ったら、移動してサーブレシーブのポジションへ、次にセッターを、その次はアタッカーのポジションに入るなど、ポジションを移動しながら行う。右図の⑥でレシーブしたら終わり。反対のコートでも同様に行う。レベルや人数によってはブロックやスパイクまでで終わってもよい。

アドバイス！ 個々の課題も、たとえばサーブが届かなければネットに近い位置から始めたり、投げ入れたりするなど、レベルに応じて変化させて OK。セッターは、トスの高さやテンポを変える、ブロッカーはクロスに打たれないように跳ぶなど、チーム内でさまざまな連携を図りましょう。

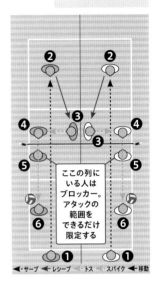

ここの列にいる人はブロッカー。アタックの範囲をできるだけ限定する

◀・サーブ ◀ レシーブ ‥‥ トス ⸺ スパイク ◀⸺移動

実戦練習

3段攻撃 & ブロックカバー

人 数	6人以上
場 所	フルコート
レベル	中級

ねらい ボールコントロールをするとともに、状況判断をしながら正確なトスを上げる。そして、ブロックカバーでつないで新たに展開を作り直し、よりよい条件にして攻撃をしかけていく。

1 5人（前衛2人、後衛3人）がコートに入り、前衛のどちらかが打つスパイクやチャンスボールをレシーブ

2 レシーブしなかった2人のうちの1人が、二段トスをレフトかライトに上げる

3 アタッカーが、ブロック板に向けて打つ。跳ね返ったボールをブロックカバーでつなぐ

4 カバーした選手以外が逆サイドに二段トスを上げ ③ からの流れを繰り返す

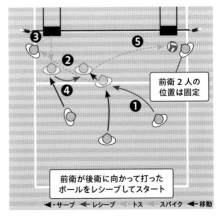

前衛2人の位置は固定

前衛が後衛に向かって打ったボールをレシーブしてスタート

◀・サーブ ◀ レシーブ ‥‥ トス ⸺ スパイク ◀⸺移動

実戦練習

バックアタックゲーム

人 数	6人以上
場 所	フルコート
レベル	中級〜上級

ねらい バックアタック（アタックラインより後ろから攻撃）の攻撃のみでラリーを行う。バックアタックに限定することで、しっかりと助走し、強く長く打つ意識が身につく。

1 両チーム3人ずつでスタート。攻撃は、バックアタックのみに限定しラリーを続ける

セッターは固定せず、レシーブしなかった選手が行う。

2 両チーム4人ずつが入り、そのうち1人はセッターとして前衛に固定して、①と同様に行う

セッターが1人しかいない場合は、セッターが都度、反対コートに移動して両チームのセッターを兼任する（計7人でプレー）。

アドバイス！ 1ラリー内で必ず3人がボールに触る、前衛への攻撃不可、バックアタックは相手の正面をねらうなど条件を変えて実践してみましょう。

実戦練習

コート限定バレー（浮き島バレー）

人 数	6人以上
場 所	フルコート
レベル	中級〜上級

ねらい コートを縦半分に分割したり、アタックラインより前だけに限定したりして、コートを限定してプレーする。限られた選択肢の中から最適な動きを判断できる判断力と実践できる技術を磨く。

たとえば、縦半分のコートで3対3のゲームを行う。その際、ブロックは1枚しかつけないなど、レベルに応じてルールを設定する

いろいろなコートの大きさや人数でチャレンジしてみる。右図の場合、クロスにスパイクを打てない攻撃側はどのように点を取るか工夫する。

アドバイス！ 体育館にはいろんなラインが引かれていると思います。それらが、対称の枠やラインになるのであれば、そこのみをねらって攻撃するといったコート限定方法もあります。片手のみでボールをコントロールする、といった条件設定もできます。

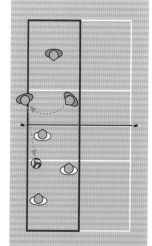

◀・サーブ ◀レシーブ ◀ トス ▶ スパイク ◀ 移動

<table>
<tr><td>menu</td><td rowspan="2">実戦練習</td><td rowspan="2">人 数</td><td rowspan="2">10人</td></tr>
</table>

menu **171**	実戦練習	人 数	10人
	5対5のゲーム	場 所	フルコート
		レベル	中級〜上級

> **ねらい** バックアタックゲーム（メニュー169）の発展形。両コートに5人ずつが入り、取り組みたい課題を設定し、その部分が何度も起こるようなルールで実施する。

(1) **各チームの5人は1人がセッター、1人がアタッカーとして前衛に、3人がレシーバーとして後衛に入る**

(2) **攻撃は前衛のクイックと後衛のバックアタックのみとする**

相手チームから点を取るにはどうしたらいいか、自分の最善のプレーを瞬時に判断して実行に移す。人数の配分や攻撃時のルールなどは自由に変更してOK。ブロックできるのは相手の前衛からの攻撃時のみ、前衛へのフェイントなしなど、磨きたい技術や戦術に合わせてルールを設定して実施するとよい。チーム人数が多い場合は、スパイクを打った人はポジション関係なく交代するなど工夫する。

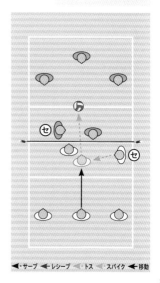

◀···サーブ ◀─レシーブ ▶トス ⬛スパイク ─▶移動

menu **172**	実戦練習	人 数	4人以上
	フェイント・プッシュ・ロールショットゲーム	場 所	フルコート
		レベル	中級

> **ねらい** フェイントやプッシュなどの軟打（力を抜いてボールを打つこと）で、相手コートをしっかり見て、自分のねらった所にボールをコントロールするための練習。軟打で点を取る方法を身につける。

軟打のみでゲームを行う

人数は2対2、6対6など何人で実施してもOK。パスをしたあと、助走中などにボールから目を切って、相手コートをしっかり見て、決められそうな場所を把握する。助走や予備動作で相手に間違った先読みをさせ、その逆を突くなど工夫する。

> **アドバイス!** 瞬間的に相手コートを見ることができない場合は、事前にどこに落とすかを互いに決めておいて、ねらい通りにできるかどうかという練習をまず取り入れるとよいです。

第7章 実戦練習

153

173

実戦練習

エアバレー

人　数	12人
場　所	フルコート
レベル	中級

ねらい　ボールを使わず、イメージだけでラリーを行う。仲間や相手の動きによるそのあとのプレーのイメージや、動きが共有されているかの確認、また共通のイメージを作るのがねらい。

アタックをこの角度でディグしたらボールはどこに返るなど、ボールがあると想定してラリーを続ける

レベルが高いチームほどイメージが共有されてラリーが続くが、経験が少ないチームだとボールが複数にわかれる（複数人がいろんな所でボールを追っている）現象が起きる。

> **アドバイス！**　ラリー中に指示やコミュニケーションを取ったり、選手同士でジェスチャーを出し合ったり、感情表現や意思の伝達も鍛えていきましょう。さまざまな所でファインプレーが飛び出し、チームの雰囲気を盛り上げる意味でもおもしろい練習です。

ボールがある想定で打つ

ボールのコースを予測する

174

実戦練習

9人制ルールバレーボール

人　数	8人以上
場　所	フルコート
レベル	中級

ねらい　ブロックのワンタッチを1回と数えて、残り2回で相手に返す、ボールがネットに触れた場合はさらに1回触れるなど、9人制バレーボールのルールでゲームを行い、ボールコントロール力を上げる。

6対6（5対5や4対4でもOK）で9人制バレーボールのルールでゲームを行う

ブロックでのボールの接触を1回と数えると、あと2回で相手に返す必要がある。2回目のタッチでアタックするなら、1回目でアタッカーにトスを上げないといけない。

> **アドバイス！**　ただ上げるだけではなくアタッカーが打ちやすい所に正確に持っていけるレシーブ（セッティング）技術が必要に。できるようになると、発展的にはフェイクセット（スパイクを打つと見せかけてからトスを上げる）にもつながります。

<table>
<tr><td>menu</td><td rowspan="2">実戦練習

アタック vs ブロック & ディグ</td><td>人　数</td><td>12人</td></tr>
<tr><td>**175**</td><td>場　所</td><td>フルコート</td></tr>
<tr><td></td><td></td><td>レベル</td><td>中級〜上級</td></tr>
</table>

ねらい 攻撃側は A パスだけでなく、B パスや C パスからも攻撃の形を作って展開する。守備側は、さまざまな攻撃に対して、ブロックとディグの連携で対応できる力を身につける。

1 攻撃側は前衛 2 枚、バックアタックありなど攻撃枚数を指定する

最初は、レフト平行（レフトへの早いトス）と A クイック、バックアタックなしなど、攻撃方法も決めておく。そのあとは、攻撃枚数のみ指定し、攻撃は自由に展開することで、少しずつ練習のレベルを上げる。

2 守備側は相手のトスの状況から、どの攻撃かを判断し、ブロックとディグの形を完成させて対応する

ブロッカーはレシーバーと連携して、トータルディフェンス（ブロックとディグの関係性を作ること）を行えるようにする。レシーブできたら、3本以内で相手コートにボールを返球する。 1 ・ 2 の互いの練習を何度も繰り返す。

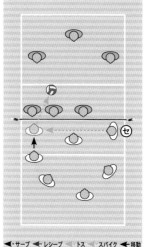

◀・サーブ ◀ レシーブ トス スパイク ◀ 移動

<table>
<tr><td>menu</td><td rowspan="2">実戦練習

ブレイク vs サイドアウト</td><td>人　数</td><td>12人</td></tr>
<tr><td>**176**</td><td>場　所</td><td>フルコート</td></tr>
<tr><td></td><td></td><td>レベル</td><td>中級〜上級</td></tr>
</table>

ねらい サーブ側（ブレイク側）はサーブで相手を崩したあとに、いかにブロッカーやレシーバーが連携をして点につなげるか。サーブレシーブ側（サイドアウト側）は、いかに崩されずにサーブを1本で切るかを考えて行う。

1 サーブをどこに打つかを考えてゲームスタート

サーブをどこにねらうか、相手のどこを崩すことで攻撃の選択肢を狭めてブロックに跳ぶか、その際どのようにレシーバーと連携してディフェンスするのかを考えて、チームで共有しながらサーブを打つ。この状況ならブロックはこうなるなど、経験を積み上げながら、サーバー、ブロッカー、レシーバーの連携を図っていく。

2 サーブレシーブ側は、なるべくセッターを動かさずにレシーブを返すことを目指す

セッターが動いたとしても、「乱された」という認識ではなく、異なる攻撃パターン（展開）だと考えて、そのための攻撃パターンを練習しておく。

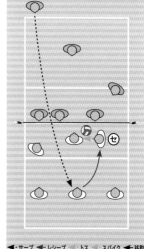

◀・サーブ ◀ レシーブ トス スパイク ◀ 移動

実戦練習

ウォッシュゲーム

人　数	12人
場　所	フルコート
レベル	上級

ねらい 自分たちの課題を明確にし、そのポイントに特化した練習を行う。両チームが交互にサーブを打ち合い、ローテーションも行いながら実施する。下記の方法は一例。

下記3本1セットとし、ローテーションをしながら行う。3本のうち、どれだけ決められたかによって両チームの得点が変わる。3本をどういう状況にするかは適宜変更してOK

●得点のつけ方
○点マッチ、またはローテーション○周で終了などルールを決めて実践する。

サーブレシーブ側 （Bチーム）		サーブ側 （Aチーム）	
3本のうち 決めた数	得点	3本のうち 決めた数	得点
3本	1点	0本	0点
2本	0点	1本	0点
1本	0点	2本	1点
0本	0点	3本	2点

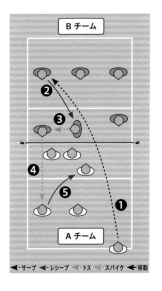

◀‥サーブ　◀‥レシーブ　◀‥トス　◥‥スパイク　◀‥移動

1 Aチームのサーブから（1本目）スタート
Aチームはサーブ＆ブロック＆ディグ、Bチームはサーブレシーブからの攻撃をする（図参照）。ラリー終了まで行う。

2 Aチームのラストボールから（2本目）スタート
ラストボール（スパイクにつなげられず、相手コートにボールを返す）の場面を想定して、Bチームに返ったラストボールから攻撃をスタート。なお、ラストボールはスパイクという形ではなかったにせよ、相手が攻撃につなげにくい所をねらって返すのが基本。ラストボールは、外にいる選手（コーチなど）がAチームに向かって入れて、ダイレクトでBチームに返球する。ラリー終了まで行う。

3 Bチームへのチャンスボールから（3本目）スタート
チャンスボールは外にいる選手（コーチなど）がBチームに向かって入れる。ラリー終了まで行う。

アドバイス！ 上記の例でいうと、サーブ側であるAチームはいかにサーブで相手を崩し、そのあとの自分たちの攻撃につなげていくかという課題に取り組めますし、サーブレシーブ側である（Bチーム）は、サーブレシーブやチャンスボールといった場面から、どう攻撃を組み立てていくかという課題に取り組むことになります。通常の実戦形式では、なかなか自分たちの課題とする場面にならないこともあるため、課題となるものを達成したら点が入るよう、自由に3本の内容を決めて行ってください。ちなみに、両者ともに0点となった場合のことを「ウォッシュ（wash）」といいます。つまり、両者0点で勝負がつかないことからゲームを流すという意味で、この練習名になっています。

178

実戦練習

セット終盤
取り切りゲーム

人 数	12人
場 所	フルコート
レベル	中級

> **ねらい**　バレーボールでは20点以降が勝負の鍵だといわれる。20点以降でどれだけ確実に点を取って、勝負を決められるかを考えながらゲームを行う。終わるまで「もう勝てる」と油断してはいけない。

20対20(変更してもOK)のスコアからゲームを行う。先に25点を取ったチームの勝利

24点に到達したチームは、次のポイント（25点目）を連続（ブレイク）で取れなければ20点に戻り、そのままゲームを継続する。

> **アドバイス！**　1点ずつ積み重ねていっても、最後に連続して点を取り、勝利につなげるのは難しいものです。リードしていても最後の連続ポイントを取り切るまで油断せずに、チームとしてどのように点を取るのか、コート内で考えを共有しながら練習してみましょう。

---

menu

179

実戦練習

ねらい達成
駆け引きゲーム

人 数	12人
場 所	フルコート
レベル	上級

> **ねらい**　バレーボールは自分たちのやりたいことをやりつつ、相手のやりたいことを防ぐのが重要。ゲーム形式で事前に確認したテーマを実践しながら、相手のねらいを読み取り、先回りして対応する。

① セットごとにチームで集まり、「こういう守備を徹底しよう」と具体的な考えを共有する

② 自分のチームのねらいを実践しながらプレーし、同時に相手のねらいを探り、達成できないように対応する

③ 試合後に互いのチームのねらいはなんだったのか、それに対応できたのかどうかなどを確認し合う

難しければ、いくつか攻撃や守備の方法をあらかじめ決めておき、その中から1つを選んで互いに実践。終わったあとに振り返ってみる。

実戦練習

コート別条件つきゲーム

人 数	8人以上
場 所	フルコート
レベル	中級～上級

ねらい 2チーム間の力の差が大きい場合や人数がそろわず6対6でゲーム形式ができない場合、人数やルールなどの条件設定を変えて、それぞれの選手がレベルアップを図れるような練習をする。

6対6でゲームを行う

AとBのチームにわかれたときに、力のある選手がAチームに集まると、通常の試合形式では、Aチームが勝つことが多くなり、その分両チームともに必要な成果を上げるのが難しくなる場合も。そこで、Aチームには難しい条件をつけて試合をする。

例：**Aチームの攻撃はノータッチで決まったときだけ得点とする**
Bチームの攻撃に対するブロックは1枚まで
Aチームはチャンスサーブのみ
Aチームは真ん中からの攻撃のみなど。

そのほか、シンプルに片方のチームの人数を減らし、6対5、6対4などにしてもOK。

実戦練習

課題達成2点ゲーム

人 数	12人
場 所	フルコート
レベル	上級

ねらい ある課題のレベルを上げたいときに、それを決めたら2点としてゲームを行う。相手が警戒する中で2点を取りにいくのか、コンスタントに1点を取りにいくのか。駆け引きも磨くことができる。

チームの課題や選手個々の課題を設定し、その課題で攻撃が成功したら2点とするゲーム形式を行う

バックアタックが課題ならバックアタックでの攻撃が成功したら2点、ブロックを磨くならシャットアウトできたら2点など、課題は自由に設定する。

攻撃手段を増やす課題例：
フェイントやツーアタックが決まったら2点
ボールをつなぐ課題例：
ブロックカバーからの攻撃が成功したら2点など。
自分やチームの課題、何をすればいいかを常に考え続けることにもつながる。

実戦練習

アイアンマン

人　数	8人以上
場　所	フルコート
レベル	上級

ねらい ▶ 個人あるいはチームで課題を決め、それをクリアするまでプレーを続ける。精神的にも体力的にもタフさが求められるメニュー。集中力が欠けるとケガをしやすいので注意して行う。

① **個人のレベルアップを図りたい場合、その選手とセッターが入って、課題が達成できるまで、プレーを続ける**

相手コートには6人が入る。チャンスボールから3本連続でスパイクを決めるなど、課題を決める。ミスなどがあれば、1本目から再スタート。なぜ今はできていないのか、どうやったらできるようになるのかを考え修正しながら取り組む。

② **チームでレベルアップを図りたい場合、6対6で行う**

アタッカー全員が1本ずつスパイクを決めるなど、課題を決めてその達成を目指す。

実戦練習

キングオブザコート

人　数	4人以上
場　所	フルコート
レベル	中級〜上級

ねらい ▶ 2人組や3人組などでチームを組み、相手が変わっても瞬時に状況判断をして力を発揮し、勝ち続ける練習。キングコートとチャレンジコートにわかれ、勝てばキングコートへ移動し、継続してゲームを続けられる。

① **チャレンジコート側のサーブでスタート。時間内にどっちが多くの点を取ったか、どのチームが最初に合計 10 点取れるかなどを決めてゲームをする**

ルールは通常のバレーボールと同じでもよいし、またはバックアタックだけなど制限をかけても OK。

② **チャレンジコートのチームが勝てば、キングコートに移動し、同じようにゲームをする**

負けたチームはチャレンジコートグループの後ろに並ぶ。つまり、勝ち続ける限り、キングコートでゲームができる。

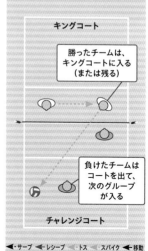

キングコート

勝ったチームは、キングコートに入る（または残る）

負けたチームはコートを出て、次のグループが入る

チャレンジコート

◀・サーブ ◀レシーブ ◀ トス ◀ スパイク ◀移動

実戦練習個人編
サーブからのバックアタック

人 数	2人
場 所	フルコート
レベル	中級

ねらい ▶ 実際の試合ではサーブを打って終わりではない。相手の攻撃をディグでつなぎ、自分たちの攻撃へと展開していく。1つひとつのスキルを連続して行い、技術とプレーの流れを身につける。

「サーブ」、「ディグ」、「バックアタック」の一連の流れを止めずに行う

球出し1人と選手1人でスタート。まずは、ねらった所にサーブを打ち、そのあと自分のポジションに移動する。次に、打ってもらったスパイクをディグし、最後に別のボールで上げてもらったトスをバックアタックで打つ。自分が各ポジションで、どのように動くかを考えつつ、試合で実際に起こりうる流れを想定して、練習を行うとよい。

たとえば、サーブ後のディグは、味方の選手がしっかり2枚ブロックについた状況の二段トスをイメージする、スパイクを打ってもらうのではなく、ブロッカーがワンタッチしたボールを想定して出してもらうというように、さまざまな工夫をして実戦につなげる。

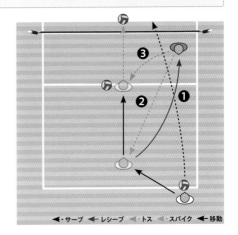

◀・サーブ ◀ レシーブ ◀ トス ◀ スパイク ◀ 移動

実戦練習個人編
ディグからのスパイク＆ブロック

人 数	4人
場 所	フルコート
レベル	中級

ねらい ▶ ディグ（もしくはサーブレシーブ）を拾ってスパイクにつなげ、決められなかったと想定したあとのブロックに入るまでを行う。

相手コートは球出しが2人、自陣はセッターとアタッカーが入る。相手コートからのスパイク（またはサーブ）を拾い、そのままスパイク、ブロックまでの一連の流れを行う

まず、相手コートの台上からスパイク（サーブ）を打ってもらい、ディグ（サーブレシーブ）をして、すぐにスパイクの助走に移る。次に自陣コートのセッターから手投げされたトスを打ち、相手につながれたと想定してブロックのポジションに入る。最後に、別のボールで相手コートの台上からスパイクを出してもらい、ブロックで止めるという、一連の流れを止めずに行う。

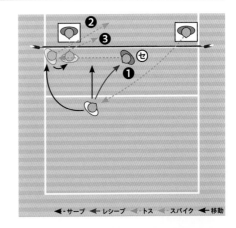

◀・サーブ ◀ レシーブ ◀ トス ◀ スパイク ◀ 移動

第 8 章

ボディコントロール

技術の向上を早く実感したいなら、ボディコントロールを練習の一貫として
取り入れるのがおすすめ。肩甲骨や股関節などの可動域を広げて、
動く体作りをしていきましょう。

さまざまなプレーに効果的な体作り

ボディコントロールのコツとポイント

　バレーボールに限らず、スポーツ全般にいえる大前提として、**自分で自分の体を思うように扱えることが重要**です。ボールは自分の体でしか動かせませんから、それができてはじめてボールを動かせて、自分の思うようなプレーに近づけます。自由に扱えるという部分を、**より速く、より強く、キレのある動きにするというように質をどんどん高めていく。それがボディコントロール**です。

　たとえば、追いかけてギリギリ触れるボールをいつも弾いてしまう。それは、ボール練習で改善する可能性もあるかもしれませんが、足の速さを磨くことも方法の1つです。足が速くなれば、余裕を持って動

ける分、ギリギリだったボールがチャンスボールになったというように解決できるわけです。**バレーボールの課題は、必ずしもバレーボールの練習で解決する必要はない**のです。

　かつて私が率いた U18 日本代表がアジア選手権で優勝を収めたとき、現地入りしてからの練習で、割り当てられたコートをキャンセルしてでも、ボディコントロールに時間を費やし、体を変えることを優先させました。とくに **10 代の選手は成長が早く、体を変えることですぐにプレーが変わっていきます。**ボディコントロールに取り組まずにバレーボールだけやっているのは、大変もったいないのです。

ボディコントロールの 4 つのメリット

1 手や足だけでなく、そことつながる体幹（胴体）をバランスよく上手に動かせるようになる。結果、パフォーマンスも上がる。

2 ムダな力を使わずに、最も効率的に動ける体になる。

3 ムダな力を使わないことで、ケガをしにくい体になる。

4 人の動きをそのまま真似できるようになるため、うまい人のプレーを見てその動きを瞬時に落とし込める。

効率的な取り入れ方は？

ボディコントロールのよさは、基本的に1人でできるという点にあります。練習時に全員がそろうまでの時間、お風呂上がりや寝る前に取り入れても OK です。

もちろん、複数人で行っても構いません。チーム全員で取り組むことで、正しく動けているかを互いにチェックし合えるといったメリットもあります。練習の冒頭の15分は、みんなが苦手としている動き作りや、体を動かす際に不可欠な股関節と肩甲骨にかかわるメニューに取り組み、個々の課題は各自自宅でやろうというのもいいでしょう。ただ、1人で行う場合は、自分では正しいやり方でできていると思っていても、実際はできていないケースもあります。家族に見てもらったり、動作を撮影したりするなどの工夫も必要です。

ちょっとした時間を見つけて続けることで、体の動きはどんどんよくなっていきます。**動きがよくなった体で練習すると、当然ながら練習の質も上がります。**また、

毎日継続すると、**自分の体の基準（どこが動きにくいのか、左右差など）や日々の変化がわかってきます。**それを確立させるという意味でも、ボディコントロールは重要です。さらに、ボディコントロールのメニューは**1つの動きを正しく実践するだけで、さまざまなプレーに好影響をもたらします。**体の軸となる背骨の動きを自由にコントロールできるようになれば、パス・サーブ・レシーブ・アタック・ブロックにおいても、効率的な動きができるようになります。

ボディコントロールに取り組むときは、リラックスしながら意識を自分の体の感覚に向けておきます。最初は写真と同じ動きができないかもしれません。**できる範囲かつ痛みがともなわない範囲で実施してみてください。**ただ、最終的には、誰でもできる動きばかりです。毎日続けて体の変化を実感しましょう。

1つのメニューがさまざまなプレーに好影響を与える

キャット＆ドッグ（メニュー192）

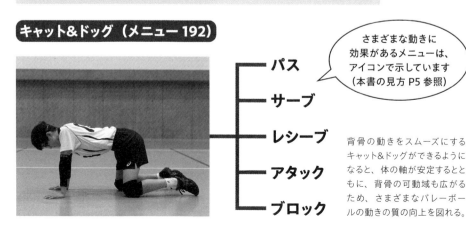

- パス
- サーブ
- レシーブ
- アタック
- ブロック

さまざまな動きに効果があるメニューは、アイコンで示しています（本書の見方 P5 参照）

背骨の動きをスムーズにするキャット＆ドッグができるようになると、体の軸が安定するとともに、背骨の可動域も広がるため、さまざまなバレーボールの動きの質の向上を図れる。

menu 186	肩甲骨の可動域を広げる ボール逆手（ぎゃくて）キャッチ	実	回　数	左右5回
			場　所	どこでも
			レベル	初級

ねらい ボールをつかまず、重力の方向に重みを感じながら、肩甲骨や胸郭（きょうかく）の動きを生かして手を逆手に切り替える。体の中心から末端の手にスムーズに力を伝えていけるようにする。

1 ボールを片手の手のひらに乗せる

2 ボールを手のひらに乗せたまま外回し

3 ボールを落とさずに逆手にする

肩を入れる

反対の手でも行う

menu 187	肩甲骨の可動域を広げる ボールサークル	ア 実	回　数	左右5回
			場　所	どこでも
			レベル	初級

ねらい ボール逆手キャッチ（メニュー186）と同様、ボールと自分との関係性を改善するのが目的。肩甲骨や背骨をなめらかに動かし、それに連動して手を動かせないとボールが地面に落ちてしまう。

1 ボールを片手で手のひらに乗せる

2 ひじと手首を折り曲げ、脇の下を通す

3 ボールを落とさずに逆手にする

肩甲骨の可動域を広げる 　ア　実

ボールプッシュ

回数	左右5回
場所	どこでも
レベル	初級

ねらい ▶ ひじが常にボールの真下にある状態で、ボールの重みを感じながら行うと、ひじ、肩、背骨と体のつながりを自然と意識できるようになる。力任せで無理やりコントロールしない。

1 仰向けで寝て、片手でボールを持つ

2 ボールを上げたまま立ち上がる

3 立てたら逆の動きで①に戻る

肩甲骨の可動域を広げる 　レ　実

ボールキャッチ

回数	10回
場所	どこでも
レベル	初級

ねらい ▶ タイミングを合わせてボールをコントロールするのがねらい。どちらの手が上になってもできるようにする。スクワットを加えると、レシーブの際のタイミングを取る練習にもなる。

1 立った姿勢からボールを上に投げる

2 スクワットしながら両手をクロスしてキャッチ

☑ CHECK!

一番深く沈んだところでボールをキャッチする。難しければ、まずは両手をクロスしてキャッチだけを行う練習から始める。

第8章 ボディコントロール

肩甲骨の可動域を広げる

テニスボールキャッチ

回 数	左右5回
道 具	テニスボール
レベル	初級

ねらい インナースパイクを打つときのような腕や肩の使い方を身につける。実際に力を加えて肩をねじる際に、腕や肩の動きだけでなく、体の入れ替えまでタイミングを合わせるようにする。

① テニスボールを
ワンバウンドさせる

② 体を反転させながら
逆手を前に出す

③ 背中側で逆手で
キャッチする

背骨の動きを改善

ハーフブルーコ

回 数	5回
場 所	どこでも
レベル	初級

ねらい 「ブルーコ」とはイタリア語で芋虫のこと。両足にボールを挟み、芋虫のように手足を使わずに寝返りをする。背骨を主導とするしなやかな動きが身につくと、肩やひざへの負担が軽減される。

① 仰向けになり、
両足を持ち上げる

② つま先を頭上側の
床につける

③ 後ろ回りをするよう
に、うつ伏せになる

背骨の動きを
意識しながら行う

最後に首を抜くときに、
左右どちらからでも
できるようにする

背骨の動きを改善

キャット＆ドッグ

パ サ レ ア ブ

回数	10回
場所	どこでも
レベル	初級

ねらい ▶ 背骨を丸める動きと反らせる動きが連動し、自由に操作できるようにする。動きの支点を腰、みぞおちの後ろ、背中の上のほうと、ずらしながら行えると、より効果的な動き作りになる。

① 両手とひざをつけて
四つん這いになる

② 顔を両腕の間に
入れて背中を丸める

③ 肩甲骨を中央に
よせて背中を反らせる

ひざは股関節の真下

手首は肩の真下

床を押すイメージ

一気に脱力するように
背中を反らす

背骨の動きを改善

キャット＆ドッグ
サークルバージョン

パ サ レ ア

回数	左右5回
場所	どこでも
レベル	初級

ねらい ▶ 平面的な動きだったキャット＆ドッグに対して、3次元的な動きの中で背骨をなめらかに使えるようにする。屈曲（くっきょく）や伸展（しんてん）だけでなく、側屈（そっくつ）方向にも動けると、円がいびつな形にならない。

① 両手とひざをつけて
四つん這いになる

② 頭側から見るとみぞおち
が円を描くように動かす

✔ CHECK!

動かしにくい方向がある場合は、反対方向に頭を動かすと、それにともない背骨が連動して動くので、結果的に背骨の動きがスムーズになる。

第8章 ボディコントロール

167

腕の操作性を改善

エルボーサークル

バ レ

回　数	左右5回
場　所	どこでも
レベル	初級

ねらい ひじ（エルボー）をしぼるような動きが硬い選手に向けて、体幹に対して、腕をなめらかに動かすのがねらい。レシーブ時に、体の前で両腕で作る面を返球したい方向に向けやすくなる。

① 体の前で両手のひらと
ひじを合わせる

② ひじをつけたまま
体の前で回す

③ ひじはできるだけ
高く上げる

体が
反らないよう
注意！

肩甲骨・背骨の動きを改善

手の8の字運動

バ レ

回　数	左右5回
場　所	どこでも
レベル	初級

ねらい 両ひじから両手の指先までをくっつけて体の前で8の字を描く。きれいに描けると、肩甲骨や背骨の動きがスムーズになる。肩甲骨の動きを8の字で可視化することで、動きにくさも自覚できる。

① 両手で体の前に大きな8の字を描く

② 逆方向でも同様に行う

✔ **CHECK!** 両ひじをつけたまま両手を遠くに持っていくイメージで行う。

✔ **CHECK!** 両手を先行させて動かし、ひじがあとから自然についていくように。

<table>
<tr><td>menu
196</td><td>肩甲骨の可動域を広げる
バンザイからの
肩甲骨の出し入れ</td><td>ブ</td><td>回　数　10回
場　所　どこでも
レベル　初級</td></tr>
</table>

ねらい バンザイの体勢から指先を高く伸ばすように肩甲骨を上に動かす。最大限の指の高さを自覚し、空中でその高さまで両手を持ち上げられるようにする。少しお腹に力を入れると手が伸びやすい。

1 まっすぐ立って バンザイをする

2 指先を高く、遠くに 伸ばすように肩甲骨を 片方ずつ上に動かす

3 2 と同じ要領で両方 の肩甲骨を同時に 上に動かす

腰が反ると、背中が硬くなって手が伸びないので要注意

<table>
<tr><td>menu
197</td><td>肩甲骨の可動域を広げる
股関節スクワットをしながら
肩甲骨内転</td><td>ブ 実</td><td>回　数　10回
場　所　どこでも
レベル　初級</td></tr>
</table>

ねらい 股関節を使っている状態でも肩甲骨が内転方向に最大限動くようにする。腕は重力に逆らう方向になるため、可動域が上がっても筋力が伴っていないと肩甲骨が内転せず、肩だけに負担がかかる。

1 スクワットの少し 腰を落とした状態で 両腕でTの字を作る

2 肩甲骨をよせて 両腕でWの字を作る

3 肩甲骨を伸ばして Vの字を作る

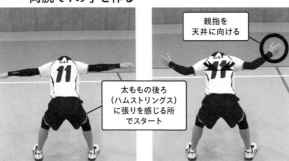

親指を 天井に向ける

太ももの後ろ (ハムストリングス) に張りを感じる所 でスタート

拳を握る

menu 198

背骨の動きを改善　　　　　　　　　　　**実**

コモドドラゴン

回 数	5回
場 所	どこでも
レベル	初級

ねらい トカゲのコモドドラゴンのように背骨を左右に大きくうねらせ、地を這うように歩く。背骨から動かし、あとから手足が動くイメージで連動性を育むのが目的。ダイナミックな動きを意識する。

① 両手足を床につけ、手を遠くに伸ばす

② 背骨が主導し手足を交互に動かして、前に進む

③ 真上から見たときに背骨が C カーブを描く

menu 199

股関節の柔軟性を高める　　　　　　　　**レ** **ア**

プレコモド

回 数	左右3秒×3回
場 所	どこでも
レベル	初級

ねらい 股関節の前面を伸ばすストレッチ。同時に、お尻の前側も伸ばしているので、プレー中に1歩前に足を出しやすくし、出したときにすねが倒れず、体のよいポジショニングを設定するねらいもある。

① 足を大きく前後に開き、両ひじが床につくように上体を倒していく

② 横から見たときに、前足のひざが一番高い位置にあるようにする

すねをまっすぐ立てる

☑ **CHECK!** ひじから手までを床につける。前足のひざの真下に足首がくるようにする。

反対側も同様に行う

☑ **CHECK!** 背中よりも前足のひざが高い位置にあるくらい、低く構える。

背骨の動きを改善　サ ア

コモドストレッチ

回 数	左右5回
場 所	どこでも
レベル	初級

ねらい　股関節を前後に目いっぱい伸ばしたポジションでひねるのが、ほかの背骨ストレッチと異なる点だ。股関節が伸び切った状態でボールを扱うときに備え背骨の自由度を上げておく。

1 プレコモド（メニュー199）の体勢から前足のひざの内側に手をつく

2 右肩を床に近づけるように背骨をねじっていく

手をひざにつく

反対側も同様に行う

アドバイス！

普段から柔軟性を高く意識していないと、床につかない選手が多いはず。続けていけば、床に肩がつくようになりますよ。

股関節の柔軟性　レ 実

インナースクワット＆プレコモド

回 数	左右3秒×3回
場 所	どこでも
レベル	初級

ねらい　メニュー202のインナースクワット（股関節の最大限の屈曲）からプレコモド（最大限の伸展）の動きを繰り返すことで、股関節の可動域を最大限に使える体にする。

1 インナースクワットから片足を後ろに引く

2 最大限に引いたらインナースクワットの姿勢に戻る

反対側も同様に行う

アドバイス！

どちらの足が下がりにくいのか、または戻しにくいのか、といったことを意識しながら行うと、実際のプレーや自分の体で強化すべきポイントがわかるようになりますよ。

第8章 ボディコントロール

171

股関節の柔軟性

パ レ ア 実

インナースクワット

回　数	10回
場　所	どこでも
レベル	初級

ねらい 深くしゃがみ込みができると、股関節の柔軟性が高まり、レシーブ時の構えなどで股関節をうまく使えるようになる。低い姿勢で体幹を保持することで、体幹を強化するねらいもある。

① ひざとつま先の方向をそろえてしゃがむ

② リラックスして深くしゃがみ込む

③ 上体を起こしてすねと体幹を平行にする

手を合わせて伸ばすことで、バランスを保ちつつ深くしゃがめる。続けていくと、お尻が床につくくらいの所までしゃがめるようになる

すねと平行になる所まで上体を起こせるとベスト

手を合わしたまま、体に近づけると上体を起こしやすい

股関節の柔軟性

レ 実

左右スイッチの深伸脚
しんしんきゃく

回　数	左右5回
場　所	どこでも
レベル	初級

ねらい 深く伸脚する動作には、股関節の柔軟性と股関節を引きつける腸腰筋の筋力が必要。お尻を低く落とした状態で重心移動がスムーズにできると、レシーブ時の左右の動きがなめらかになる。

① 曲げている足のひざとつま先を同じ方向に向けてしゃがむ

② 反対側も同様に。左右の足の入れ替えは低い姿勢のまま行う

軸足のかかとは浮かさない

アドバイス！

実際にはここまで低い姿勢でのプレーはあまりありませんが、最大限の可動範囲で動ける体作りをすることが、プレーの質の向上につながります。

menu **204**	股関節の柔軟性　　　　　　　**レ** **実**

深伸脚からのプレコモド

回　数	左右5回
場　所	どこでも
レベル	初級

> **ねらい**　深伸脚（メニュー203）とプレコモド（メニュー199）の動きを往復する際には、体を90度反転することになる。重心の前後左右だけではなく、反転方向への股関節のなめらかな動きを習得する。

1 深伸脚の低い姿勢の まま上半身をひねる

2 プレコモドから 深伸脚の姿勢に戻る

重心を 移動させる

反対側も同様に行う

☑ CHECK!

最初は**2**のプレコモドで両手をついてもいいが、慣れてきたら片手で体のバランスを取れるようにする。深伸脚に戻るときも少しずつスピードを上げて行う。

---

menu **205**	肩甲骨の可動域を広げる　　**パ** **サ** **アプ**

肩甲骨内転ストレッチ

回　数	左右3秒×3回
場　所	どこでも
レベル	初級

> **ねらい**　肩甲骨を背骨側によせる内転方向の可動域を広げることは、アタックの動作でとくに重要。横を向いて寝姿勢で手を後ろに回して行うことで、体のひねりを通して肩甲骨が背骨側に近づく。

1 床に座って 両手を後ろで組む

2 上体を横向きにしながら 寝転び、ひざを反対側に 倒す

できる限り 上で組む

反対側も同様に行う

肩甲骨をよせる

アドバイス!

立ったまま肩甲骨をよせるのが難しい選手に、横向きの寝姿勢で行うこの手法はとても効果的です。

第8章 ボディコントロール

肩甲骨の可動域を広げる　　サ　ア

バックスパイラルストレッチ

回　数	左右3秒×3回
場　所	どこでも
レベル	初級

ねらい 肩と床の間に腕を通して、自分にどの程度胸椎の柔軟性があるかを客観視する。実際は股関節も屈曲方向に可動域がないと胸椎の回旋はできないので、股関節と一緒に背骨の硬さをとる。

① 片手をついて、足を横に出して座る

② 上体を倒し、左脇の下に右腕を通す

③ 手を遠くに伸ばし、肩を床につける

肩が床につかない選手は可動域が狭い

反対側も同様に行う

肩甲骨の可動域を広げる　　ア

せきちゅう
脊柱回旋ストレッチ

回　数	左右3秒×3回
場　所	どこでも
レベル	初級

ねらい 背骨をひねる動きは、腰ではなく、胸椎と呼ばれる背中の動きが重要になる。腰への負担軽減だけでなく、胸を開きやすくするためにも、スパイク動作の前準備として必ず実施したい。

① 四つん這いになる

② 脇の下に腕を通すように背骨をひねる

③ 両手を合わせ、より深く背骨をひねる

息を止めずに呼吸を繰り返す

肋骨の動きが広がることを意識する

反対側も同様に行う

肩甲骨の可動域を広げる

レ ア ブ

回 数	10回
場 所	どこでも
レベル	初級

せんこつわり
仙骨割

ねらい 骨盤の中心にあり、骨格の土台となっている仙骨。その柔軟性を高めることで、重心の低い構えがしやすくなり、さらにジャンプ動作における股関節への衝撃吸収の機能を最大化する。

① ひじを床につけた四つん這い姿勢から、体をお尻方向へずらす

② ひじとひざは同じ位置のまま、体を前方向へ動かす

ひじで床を押すイメージで

ひざは90度に開く

股関節を左右対称に動かす

✔ CHECK!

①と**②**を繰り返し、お尻を大きくずらせるようにする。骨盤の関節が左右にあるので、動きにくいほうに重心をかけるイメージで行うとよい。

股関節の可動域を広げる

レ ア ブ

回 数	10回ずつ
場 所	どこでも
レベル	初級

股関節回し

ねらい 股関節は左右どちらかに偏りがなく、同じ動きができるようにしておくのが重要。動きにくい方向とプレーでの偏りを重ね合わせながらチェックしていくと、パフォーマンスアップにつながる。

① 四つん這いになり、お尻を前後に動かす

② 横方向への動きも確認し、円を描くようにお尻を回す

③ 別バージョンとして、片ひざで上体を左右に倒すのも行う

最大限引ける所まで引く

両ひざは床から離さない

頭を逆方向に動かすと、お尻を動かせる範囲が広がる

手を合わせて、背筋を伸ばして上体を倒す

menu	大臀筋を伸ばす	レ ア	回 数	左右3秒×3回

menu 210

大臀筋を伸ばす

レ ア

だいでんきん
大臀筋ストレッチ

回 数	左右3秒×3回
場 所	どこでも
レベル	初級

ねらい バレーボールでは地面を強く蹴ったり、しっかり踏ん張って体を安定させたりする能力が必要。その際に欠かせないのが、お尻の大臀筋。大臀筋を伸ばし、足の力が最大限発揮できるようにする。

1 前足はひざを曲げ、後ろ足は後ろに伸ばして座る

2 上半身を前に倒していく。反対側も同様に行う

前に出した足は90度曲げる

☑ CHECK!

前足のひざは90度に曲げ、後ろ足は足の甲を下に向ける。上半身を倒すときはできるだけお尻が浮かないようにする。

---

menu 211

重心のバランスの偏りを防ぐ

レ

サイドシフト

回 数	左右10回
場 所	どこでも
レベル	初級

ねらい 重心移動した際、正面から見ると足首の上にひざ、ひざの上に股関節と3つの関節が一直線上になっているのが重要。これによってレシーブ時に重心を乗せて左右の移動ができるようになる。

1 構え（パワーポジション）の姿勢になる

2 ひざを開かずに、片方の股関節に体重を乗せる

へっぴり腰にならないように

軸足に体重を乗せる

menu		回　数	左右3秒×3回

menu 212
股関節の柔軟性を高める

牛の顔ストレッチ

レ

回　数	左右3秒×3回
場　所	どこでも
レベル	初級

ねらい ▶ 硬くなりやすいお尻の筋肉をやわらかくし、股関節の柔軟性を高める。自分の体の中心（体軸）を意識し、左右の柔軟性の違いを認識しやすくするなど、体への感覚を向上させるねらいもある。

1 座った状態で両ひざを前でそろえて足を組む

2 お尻を床につけたまま、上体を前に倒す

続けると、頭が床までつくようになる

☑ CHECK!

2 から背骨をひねったり、横に重心を移動したりするバリエーションもある。ひざや股関節、腰などのケガを防ぐ効果も期待できる。

menu 213
手や足の操作性を高める

スパイダーマン

レ

回　数	左右の入れ替えを10回
場　所	どこでも
レベル	初級

ねらい ▶ 足を入れ替える動き作りと、背骨の動きを使いながら入れ替えるスピードを速くしていくメニュー。これによって、背骨からつながる大腰筋や背骨の力点を使った手足の操作性を高める。

1 プレコモド（メニュー199）のような低い体勢を作る

2 左右の足を交互に一気に入れ替える

☑ CHECK!

姿勢を意識しながら行うと、股関節周りの柔軟性も高まる。動きが身についたら、足を入れ替えるスピードを上げていく。

第8章 ボディコントロール

股関節・背骨の動きを高める

レ

スコーピオン

回数	左右3秒×3回
場所	どこでも
レベル	初級

ねらい 両肩が地面から浮かないようにすることで、股関節の伸展だけでなく、背骨の回旋の動きも身につけられる。フライングレシーブの場面で、腰や肩を痛めるのを防ぐという点でも有効なメニューだ。

腕を広げたうつ伏せ状態から、片足を浮かせて反対側の手のほうに近づける

ひざが床につかないように、足を浮かせる

90度

☑ **CHECK!**

背骨をひねりながら、足を浮かせて反対側の手に近づける。頭と両肩は地面から浮かないようにする。余裕があれば、足を近づけた状態で3秒ほど静止する。

体幹・肩甲骨の動きを高める

ア ブ

プッシュアップウォーク

回数	10回
場所	どこでも
レベル	初級

ねらい プッシュアップ（腕立て伏せ）の体勢から両手をギリギリまで前に伸ばすことで、体幹の前面を強化し、体幹を固める動き作りになる。横向きの動きは肩甲骨が内転し、スパイクにも効果的。

1 腕立て伏せの姿勢から、両手をギリギリまで前に伸ばしていく

2 足を前に進めて、指立て伏せの体勢になる

3 通常の腕立て伏せの姿勢のまま、横に進む動きも行う

指で体を支える。キツい人は②で終わって OK

肩甲骨を背骨によせるイメージ

横に動く際に、片手で体を支える瞬間が体幹の強化に

menu 216	腹圧を固める 腹圧強化 ボールプッシュ①	ア ブ	回 数 5回
			場 所 どこでも
			レベル 初級

ねらい ジャンプ時に必要な腹圧を高める。その一方で、疲労の蓄積や緊張感はお腹を固くし、骨盤や背骨の動きに影響を及ぼすため、お腹をほぐしてやわらかくしておくことも重要。

① うつ伏せになり、ボールを おへその下に置く

② お腹の力でボールを押して、 上半身を浮かせる

✔ CHECK!

体を一気に持ち上げるようなイメージで行う。お腹が痛くなければ、腰をゆらしながら、お腹の力を抜いて、より深くボールに沈めていく。

menu 217	腹圧を固める 腹圧強化 ボールプッシュ②	ア ブ	人 数 2人
			回 数 5回
			道 具 メディシンボール

ねらい 2人組でメディシンボールを使用する。ジャンプ時に必要な腹圧を高める。ボールが落ちるタイミングに合わせて、瞬間的にお腹に力を入れられるようにする。

1人が仰向けに寝た状態の選手のお腹に メディシンボールを落とす

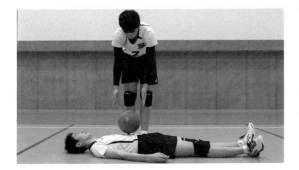

✔ CHECK!

ボールが当たる直前にお腹に力を入れ、ボールを反発させる（バウンドする）ように意識する。お腹に力を入れにくい場合は、ひざを曲げた状態で実施するとやりやすい。

| menu 218 | ジャンプ力の向上 アンクルホップ | ア ブ | 回数 10回 / 場所 どこでも / レベル 初級 |

ねらい アキレス腱の伸張反射（筋肉が伸ばされた際に、自動的に筋肉が収縮する反応）を使ってジャンプを繰り返す。腕を後ろに振るタイミングを合わせながら、腕のスイングを強調して固めた体を床にぶつける。

1 ひざではなく、足首を使ってジャンプ

2 床との接地時間はできるだけ短くする

ジャンプのとき、上体はまっすぐをキープ

ひざは伸ばしたまま

落ちるときに、腕を後ろへ

☑ CHECK!

足首と腕の反動だけでジャンプし、とくに腕の振りを大きく強調して行う。つま先だけで着地する。

| menu 219 | ジャンプ力の向上 ヒップハイクジャンプ | ア ブ | 人数 2人 / 回数 10回 / レベル 初級 |

ねらい パートナーの骨盤あたりを支えながらアンクルホップ（メニュー218）を繰り返す。高くジャンプできると、次のジャンプの強度が上がる。お尻を高く上げることで浮遊感を得られるねらいもある。

1 馬跳びの要領で相手のお尻付近に手をつける

2 お尻を高く持ち上げて、その場でジャンプ

☑ CHECK!

床と足との接地時間を短く、かつ高くジャンプできるように体重を手に逃しながら行う。

ジャンプ力の向上

menu 220

プッシュアップポジションでの アンクルホップ

ブ

回　数	10回
場　所	どこでも
レベル	初級

ねらい 立った状態でジャンプを繰り返すより負荷が下がる。体の重みが軽くなり、より反力をもらいやすい接地時間の短いジャンプ力を身につける。跳び方をいろいろ変えると実戦につながりやすい。

1 腕立て伏せの 体勢を作る

2 両ひざを曲げる

3 両足をそろえて ジャンプ

大きく跳んでも、 小刻みに飛んでも OK

ジャンプ力の向上

menu 221

プッシュアップポジション からの両足ジャンプ

実

回　数	10回
場　所	どこでも
レベル	初級

ねらい 手の外側に両足がくると、背骨が自然にねじれる。反対側に切り返すときは強く蹴ること。接地時間の短いジャンプを意識し、着地するときに背骨がねじれてもひざがねじれないようにする。

1 腕立て伏せの 体勢を作る

2 ジャンプして 両足を手の横へ

3 ①に戻り、反対側 にもジャンプする

手が床から 離れないようにする

ボディコントロールは技術習得の「時短」になる

　8章のボディコントロールと第9章のセルフケアの監修協力を行った赤山僚輔です。実は私自身、かんたんそうで難しいボディコントロールがバレーボールの技術向上に確実につながるということを、三枝コーチを通してバレーボールにかかわることで、はじめて知ることができました。今では、三枝コーチと一緒に選手への指導も行っています。

　ボディコントロールに取り組む最大の恩恵は、技術習得・向上までの「時短」にあります。もっとうまくなりたい、そう思っている選手こそ、まずは体を徹底的に変えてみてください。そうすると、体の硬さは体質や仕方がないものではなく、習慣によって確実に変えられるものだと実感できるはずです。

　実際、私も30歳を超えてから、本格的に自分の体に向き合うことを始めました。もともとは開脚をしたときに、ひじさえもつかない状態でしたが、今では開脚で胸がペタンと床につくようになっています。30代の私ができたことなら、選手のみなさんは必ずできるはずだと自信を持っていえます。

　まずは、やわらかく体を使えること、そして「分離」と「連動」といって、

思い通りの所で体が止められ、必要な動きをできるようになること。できない動きは、その動きの前提となる体の各部位のストレッチや関節の動かし方、関節などの連動性を改善することで確実にやりやすくなります。

　自分の体がそもそも動くのか？動かないのか？　という判断ができない選手は、慢性的な痛み（偏った体への負担によるもの）や動作の再現性の低さなどから認識してみましょう。

　とくにバレーボールで重要なのは、背骨、股関節、肩甲骨が自由自在に動くこと（もちろんそれをつなぐ胴体も）。これらの体の部位はつながっているので、どこか1つでも動かない所があると、最大限のパフォーマンスは発揮できませんし、最悪の場合、ケガにつながる可能性もあります。

　ぜひ体に向き合うことや体の変化を楽しみながら、そしてボールとの関係性を構築していくことを楽しみながら、ボディコントロールを実践してみてください。きっと結果的に変わっていくボールコントロールやパフォーマンスが、さらにバレーボールに対する取り組みを前のめりにさせてくれるはずです。

第 9 章
セルフケア

常にベストなコンディションで練習を行うためには、
体の疲れを取り除くセルフケアがとても効果的です。
ケガ予防のためにも、さっそく始めましょう。

日々のコンディションをセルフケアで整える

セルフケアで体と心をリセット

　ボディコントロールとも共通しますが、とにかく自分の体については自分が一番知っておく必要があるということが、技術向上のための基本になります。

　専門のトレーナーさんに体を見てもらえば、コンディションはよくなります。でも、自分で自分の体がわかっていないとなると、常にトレーナーさんに体を見てもらわなければよくならないわけです。試合直前に体が張っていると感じても、「トレーナーさんに見てもらいにいってきます」とはできませんよね。それに、トレーナーさんがいる環境も学生のうちは少ないでしょう。自分の体のコンディションを自分で高められる技術が身についていれば、**いつどんな状況でも、自分にとってベストな状態までは持っていける**ようになります。

　仮に、トレーナーさんに見てもらうにしても、自分の今の状態を正確に伝えることができれば、より深堀りしたケアが可能になるでしょう。

　毎日のセルフケアが習慣づくと、「この部位が硬いな」「ここがほぐれていないから突っかかる」といった変化に気づきます。そうした部位を**マッサージしたりケアしたりすることで、疲労を回復させるだけでなく、ケガの予防にもなります。**結果的に、バレーボールのパフォーマンスアップにもつながります。

　体をほぐすという行為は、**姿勢をよくし、呼吸をしやすくし、睡眠の質を上げる効果も期待できます。**また、体と心はつながっていますから、**体がほぐれると思考もやわらかくなります。**そもそも上を向いてネガティブなことを考えるのは難しいですし、ポジティブな思考のときに下を向くのは難しいです（ガッツポーズも大体上を向きますよね）。姿勢がよくなれば、マインドも自然とよい方向に向かい、バレーボールに前向きに取り組めるようになります。

セルフケアのポイント

運動後の体が温まっているときに行う

体が冷えてしまうと筋肉の柔軟性が低下し、そのときに筋肉を伸ばすようなケアをすると、逆に筋線維を痛めてしまう可能性があります。体が冷えてしまう前、なるべく練習直後に行うのがベストです。

入浴後に行うのも効果的

帰宅してからは、入浴後にセルフケアを取り入れてみましょう。湯船につかることで体を外から温め、血行がよい状態を保つことができます。この状態で足などをほぐすと、筋肉の柔軟性を改善するだけでなく、疲労物質をすみやかに分解し、翌日の筋肉痛を軽減できます。

ベストコンディションは自分で作る

より高いレベルを目指すなら、毎日の練習をよいコンディションで迎えたいですよね。そのためには、今日の練習が終わったら**次の練習への事前準備というイメージで、使った部位をていねいセルフケアしていきましょう。**

体は正しい使い方ができれば、それほど疲労は溜まりません。でも、中高生年代では、すべてのプレーを正しく行うのは不可能です。そこで疲労はセルフケアによって回復させ、次の練習はまた最高のコンディションで迎えられるようにするのが大切です。

要は**ベストコンディションを日々更新していくようなイメージ**です。コンディションが常に更新されると、その体に合った技術が身についてきます。**「体がすごく動く！」と感じて、今までできなかったことができるようになります。**見えなかった世界が見えてくるので、プレーするのがよりおもしろく感じられるはずです。

年齢が若いと疲労の回復も早いですから、練習後のクールダウンなどをそれほど高い意識で行っている中高生は、少ないかもしれません。でも、どんなに優れた選手であっても、年齢を重ねると、そうはいかなくなります。今後、長く楽しくバレーボールを続けていくためにも、今からセルフケアにきちんと取り組むようにしてくださいね。

おもに3つの部位をケアする

足

跳ぶとき、レシーブのときなど、足には大きな負担がかかっています。重点的にケアして、足の疲れを取りましょう。セルフケアを通じて、足の動きをスムーズにしておくことで、足の動かしやすさも向上します。

背中

背骨は体を支える軸です。ここに疲れが溜まっていると、アタックやブロックで正しい姿勢を保てなくなります。なるべく大きく背骨を動かすようなセルフケアを取り入れて、翌日もスムーズに動けるようにしましょう。

お腹

お腹も背中と同様、体を支える軸の1つです。とくにブロック時の姿勢の保持など、お腹に力を込める動きが多いバレーボールでは、疲れやすい部位といえます。ボールなどを使って疲れを取りましょう。

menu 222 うつ伏せゆる体操

回 数	10〜15回
場 所	どこでも
レベル	初級

ねらい 背骨をゆする動きを通して、背骨の機能を最大限に手足の力へとつなげる。背骨を自由自在に使えるようにする準備にもなる。少しずつ脱力し、背骨がバラバラに動いていくことを意識する。

おでこを下に向けてうつ伏せになり、お尻をゆするように背骨全体を動かす

✔ **CHECK!**

うつ伏せになった体の下に大きな血管があるため、全身の血流がよくなり、筋肉の緊張が取れて脱力がしやすくなる。10回程度左右に動かしたら3回深呼吸をする。

menu 223 足指ほぐし

回 数	左右5回ずつ
場 所	どこでも
レベル	初級

ねらい 指を自由に使えるようにする以外に、指をより長く使える、さらに足の前部分（前足部）をやわらかくして捻挫しにくくする、指から全身につながる経絡を通して硬さを自覚できる。

1 足の指と指の間に手の指を入れて前後に動かす

2 足の指を足の裏側にひねる

足の親指、小指あたりを持って、後ろに反らせるイメージ

3 足の指を持って1本ずつほぐす

いろんな方向に動かす

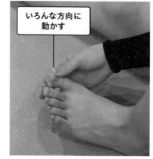

足のケア

224

足裏マッサージ

回　数	左右5回
場　所	どこでも
レベル	初級

ねらい　足裏の硬さをとると、指が自由に使えるようになる。ほぐすだけではなく、指の動きと併せて行うことで足の指が使いやすくなる。また、横アーチを形成する上でも欠かせないケアである。

① 足の裏の真ん中を指で押さえる

② 押さえながらグーパーと繰り返す

☑ CHECK!

指のグーパーを繰り返すことで、足の裏の硬さをとりつつ、指が自由に使えるようになる。足の横アーチ（横から見たときのカーブ）が正しく形成されていると体重の分散とバランス、衝撃吸収の分散などがアップする。

---

menu

アキレス腱のケア

225

アキレス腱マッサージ

回　数	左右5回
場　所	どこでも
レベル	初級

ねらい　筋肉をほぐすだけでなく、腱にも柔軟性が必要。アキレス腱を直接ねらってケアをする。かかとに近い位置からふくらはぎの筋に近い位置まで、どの高さに硬さがあるのかを探りながら行う。

① 腱を指でつまんだり、両指で押したりする

② 硬さを探りながら行う

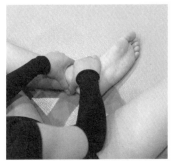

☑ CHECK!

探りながら行うことで、偏った腱への負担を減らすことができる。

第9章　セルフケア

187

足・皮ふのケア

ふくらはぎ皮ふストレッチ

回数	左右5回
道具	どこでも
レベル	初級

ねらい 筋肉のストレッチだけでは、皮ふと筋肉の隙間にある筋膜や皮ふ自体の滑走性(なめらかさ)が失われ、結果的にふくらはぎが硬くなる要因に。筋肉のケアとは別に皮ふもケアすることを重視する。

ふくらはぎの皮ふを薄くつまむように
伸ばしていく

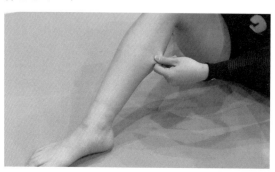

☑ CHECK!

ふくらはぎ全体の中でどのあたりの皮ふがつまみにくいかを確認しながら行うと、硬い部分が何かにぶつかっていたり、テーピングの影響があったりといった、硬くなる原因を探る作業にもなる。

足のケア

正座でふくらはぎマッサージ

回数	左右5回
場所	どこでも
レベル	初級

ねらい 硬くしこりのようになっている筋肉は、収縮する機能を果たせていない。筋肉のマッサージは、硬い部位を探りつつ、しこりがないかを確認しながら行う。手や道具を使って行ってもよい。

① ひざ立ちになり、ほぐしたい部位を逆の足で押さえる

② 正座するようにゆっくりお尻を落とす

☑ CHECK!

ふくらはぎの硬さを内、外、下、真ん中、上など分割して、痛みが強くなりすぎない範囲で行う。手や棒などでもんでもよい。

menu		
228	足のケア	回 数 左右5回
	すねの骨の内側マッサージ	場 所 どこでも
		レベル 初級

ねらい ▶ すねの骨の内側には、指を曲げるための筋肉がたくさんある。この骨と筋肉との境界線にしっかり隙間を作ることが、ふくらはぎの硬さをとるため、そして指の硬さをとるために重要。

内くるぶしのすぐ上からすねの骨の内側（骨とギリギリ境目の所）に指を入れ、ひざに近い位置まで順番に上に上にもんでいく

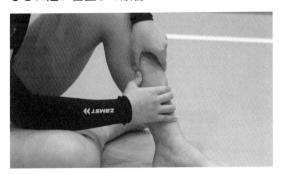

☑ CHECK!

筋肉がやわらかければ、手の指の第一関節ぐらいはすっと入っていく。どこに硬さがあるのかを探りながら、本来別々であるべき骨と筋肉が個々に働けるようにねらいを意識して行う。

COLUMN

必要な「隙間」を作ろう

　セルフケアにおいて最も重要視すべきポイントは、それぞれの組織に本来あるべき「隙間」を作ることです。

　骨と骨との間には関節があり、適切な隙間があるからこそ、スムーズに関節が動きます。

　隣り合う筋肉にも隙間があり、それぞれの筋肉が本来の役割を全うできるようになっています。さらには、筋肉と皮ふの間にも隙間があり、その隙間をリンパが流れること

で、むくみの改善や疲労の回復において重要な役割を担っています。

　たとえば、魚は、骨から筋肉が離れやすい状態がよい状態とされていて、「身離れがよい」という表現があります。人のよいコンディションにおいても、同じことがいえるのです。

　本章で紹介したようなケアを、体に必要な隙間を作る「隙間スイッチ」として、ぜひ実践してみてください。

ボールケア

回　数	5回ずつ
場　所	どこでも
レベル	初級

ねらい　特別な道具は使わず、普段使っているボールでケアできる点がメリット。硬さが常に変わらないボールを自分の体に当てることで、いつもと比べてどうかという変化を感じるねらいもある。

① お腹に当てて硬さをとる

☑ **CHECK!**
お腹の下でボールを少し転がすように行う。力を抜いたときに、ボールが体に沈み込むイメージで。

痛みが強い場合は、ひじに体重をかける

② 脇腹に当てて硬さをとる

☑ **CHECK!**
脇腹は、バレーボールで多く使う筋肉がたくさんある部位。脇腹全体にボールを転がし、筋肉を伸ばす。手と下半身でしっかりと体勢を維持し、バランスが崩れないようにする。

③ 胸前に当てて硬さをとる

☑ **CHECK!**
胸の中央にある、胸骨と肋骨の間の関節をほぐしていく。この部位の硬さがとれることで、大胸筋や小胸筋の硬さ改善にもつながる。

上下左右に体をずらし、硬い部分を探してほぐす。硬さの偏りもチェックする

④ 太ももは、ひざに近い所、股関節に近い所、内側と外側などエリアをわけながら行う

☑ **CHECK!**
痛すぎる場合は「痛気持ちいい」程度に体重の乗せ方を微調整し、左右の違いや部位による違いを観察しながらていねいに行う。

全身のケア

クラゲ体操

回数	10〜15回
場所	どこでも
レベル	初級

ねらい 自分がクラゲになったつもりで、全身を頭やお尻方向に繰り返しゆする。全身の血流を一気によくする。体をゆする振動を通して、筋肉の緊張をとる。内臓の働きを改善するといった目的もある。

1 横向きに寝て、頭やお尻方向にゆさゆさと体をゆする

☑ **CHECK!**
反対を向いたパターンでも行う。大きく動かすというよりも、体を少しゆらすぐらいのイメージで行う。

2 仰向けに寝て、同じように頭やお尻方向に体をゆする

アドバイス!
体操の前後で、前屈をしてみましょう。血流がよくなることで、全身の柔軟性がアップしたことがわかりますよ。

COLUMN

一番の名医は自分自身

「人は誰でも体の中に100人の名医を持っている」と明言したのは、世界で最初に医師と呼ばれたヒポクラテスです。ここでいう「100人の名医」とは、自然治癒力を意味しています。メニュー230のゆするような体操や、お腹の硬さをとるセルフケアは、体の調子を整える役割を持つ「自律神経」を調整することにもつながり、まさに自らの力で体を調整・調律しようとする機能の向上に役立てられます。

セルフケアにおいて大切なのは、些細な違和感や不調を無視せず、自分の心身の日々の変化に気づくこと。そのためには、「習慣化」も重要です。日々同じように実施するからこそ、体の変化に気づけます。

その際には、なぜ硬くなるのかという理由も考えてみましょう。日々継続すると、硬くなる理由も理解できるようになります。硬くなる要因を排除できれば、さらなるパフォーマンスアップにつながります。

第9章 セルフケア

監修者　三枝大地（さえぐさ・だいち）

1980年兵庫県加西市出身。東海大学体育学部体育学科卒。プロバレーボールコーチ。青年海外協力隊隊員としてチリやアフリカで指導を行い、チリでは自身の働きかけで州にバレーボール協会やクラブチームを設立。帰国後、女子 U16/17・U18/19・U20/21・U23日本代表チームなど、トップチームの指導をコーチ・監督として歴任し、技術指導だけでなく社会で活躍できる人材育成に努めている。FIVB Instructor。2014年から監督として率いた女子 U17/18アジア選手権が8連覇、第1回 U16アジア選手権優勝。コーチとして参加した U20アジア選手権2連覇。教育立国推進協議会メンバー。座右の銘は "自他不敗"。本書が初の指導書となる。
私の指導の考え方は、QR コードより「続・私の考えるコーチング論：
バレーボールアンダーエイジカテゴリーにおけるコーチングについて」もご参考ください。

8章・9章　監修　赤山僚輔（あかやま・りょうすけ）

1982年香川県さぬき市出身。理学療法士。公益財団法人日本スポーツ協会公認アスレティックトレーナー。プロバスケットボールチームのメディカルスタッフや、国体バスケのトレーナーも歴任し、2013年からは現所属団体のJARTA internationalにて、スポーツトレーナー向けのセミナーや講師への指導も実施。2018年よりバレーボール代表カテゴリーでの活動を開始し、2024年現在バレーボール女子 U16・17・U18/19日本代表チームトレーナーとして活動している。生涯の志を "全世界からスポーツにおける慢性障害がゼロになること" と掲げ活動を行っている。座右の銘は "行住坐臥" と "前後際断"。

指導者と選手が一緒に学べる！
バレーボール
練習メニュー200

監修者　三枝大地
発行者　池田士文
印刷所　三共グラフィック株式会社
製本所　三共グラフィック株式会社
発行所　株式会社池田書店
　　　　〒 162-0851
　　　　東京都新宿区弁天町 43 番地
　　　　電話 03-3267-6821（代）
　　　　FAX 03-3235-6672

取材協力　　　　阿部道子・中村勇輔
原稿協力　　　　小野哲史　校正　　　　深澤晴彦
撮影　　　　　　坂口功将
カバー・本文デザイン ― 鈴木大輔・江﨑輝海（ソウルデザイン）
DTP　　　　　　有限会社中央制作社
編集協力　　　　山角優子（有限会社ヴュー企画）

チームowls 選手・コーチのみなさん

24009509